Dr. Camilo Cruz

SECRETOS DEL VENDEDOR MÁS RICO DEL MUNDO

Diez consejos prácticos para vender más,
prestar un mejor servicio,
y crear clientes para toda la vida

TALLER DEL ÉXITO

SECRETOS DEL VENDEDOR MÁS RICO DEL MUNDO

Publicado por:
Taller del Éxito Inc.
1669 N.W. 144 Terrace, Suite 210
Sunrise, Florida 33323, U.S.A.
www.tallerdelexito.com

Editorial dedicada a la difusión de libros y audiolibros de desarrollo y crecimiento personal, liderazgo y motivación.
Diseño de carátula y diagramación: Diego Cruz

Printed in the United States of America
Impreso en Estados Unidos

14 15 16 17 18   R|UH 07 06 05 04 03

Contenido

INTRODUCCIÓN

La gran lección

La plaza de mercado se encontraba atiborrada con la gran cantidad de mercaderes, comerciantes y vendedores que cada fin de semana se daban cita allí para ofrecer sus mercancías. Era posible encontrar todo tipo de productos artesanales, mercaderías, géneros, curiosidades y efectos de dudosa utilidad, junto con el producto de las cosechas de la temporada.

El aroma dulzón proveniente de la gran variedad de frutos, condimentos y especias se entremezclaba con el olor penetrante del ganado y las cabras, creando una atmósfera donde en ocasiones se dificultaba respirar. Pero el agitado ir y venir de la gente, la diversidad de atuendos y ropajes y el bullicio de la multitud, daban al lugar un ambiente festivo del cual era difícil escapar.

El caos y la conmoción reinantes no parecían molestar a los cientos de comerciantes, transeúntes y compradores que acudían a aquella pequeña población desde todos los rincones de la región, atraídos por la gran variedad de productos que llegaban allí provenientes de los cuatro puntos cardinales.

No muy lejos de ese lugar vivía José con su padre. Más que cualquier otra cosa en el mundo, José soñaba con ser un gran vendedor. Le atraía la independencia y autonomía con que trabajaban los comerciantes que veía. Era un deseo que albergaba en su corazón desde la niñez, cuando su padre llegó a ser uno de los mercaderes más famosos y respetados de la región. Desde aquel entonces había tomado la firme decisión de no conformarse con un trabajo mediocre, como tantos de sus amigos. Así que cada semana, su deseo de aprender le traía al mercado, donde pasaba horas enteras observando la destreza y habilidad con que muchos de estos vendedores ofrecían sus productos.

Él recordaba lo que su padre le había repetido una y otra vez desde pequeño: "dentro de ti hay un gigante, capaz de alcanzar cualquier cosa que te propongas. Sin embargo, sólo hasta que tú creas esta verdad sin ningún cuestionamiento, aceptes la inmensidad de tu ser y no dudes de tus capacidades, podrás ver este gigante en acción".

José sabía que su padre deseaba lo mejor para él y que sus palabras sólo buscaban animarlo, a pesar de no estar totalmente seguro de poseer aquellas cualidades que su padre veía en él. Por tal razón, semana tras semana, se paseaba por el mercado, admirando el arte y la destreza con que cada uno de estos vendedores ofrecía sus mercancías, respondía a las objeciones de sus clientes, negociaba sus precios, y al final de ese ir y venir cerraba un trato que parecía dejarlo satisfecho, tanto a él como a su cliente.

Era algo mágico que sólo algunas personas parecían poseer. Y aunque José no creía ser una de ellas, estaba dispuesto a aprender y estudiar el arte de las ventas para comenzar a crear su propia fortuna.

Aquel día, José encontraría lo que había estado buscando por tanto tiempo. Y el maestro encargado de enseñarle la gran lección no habría de ser uno de los tantos vendedores que a diario observaba, sino un forastero, un hombre entrado en años, a quien no había visto antes. No era un mercader y no traía consigo ningún producto que ofrecer. Sin embargo, él sería el encargado de ayudarle al joven aspirante a vendedor a descubrir lo que su padre había intentado ayudarle a ver, pero que sólo hasta aquel día José pudo reconocer.

Aquel anciano, de apariencia apacible y un tanto misteriosa, había llegado una fría noche, entrado ya el invierno, y se había hospedado en una humilde posada en las afueras del pueblo. Al igual que José, cada semana se le veía caminar por entre los comerciantes y viajeros, saludando y hablando con todos con tal familiaridad que quien no fuese del pueblo juraría que debía ser una figura prominente y de mucha influencia allí. José, quien creía reconocer muy bien a la gran mayoría de los habitantes de aquella pequeña población, estaba seguro de no haberlo visto antes.

Hacia el medio día, el anciano se había ubicado bajo un gran árbol que se encontraba en la mitad de la plaza. Sus ramas cobijaban una buena parte de aquella explanada, por lo cual los comerciantes venían a resguardarse bajo su sombra de la inclemencia del sol.

De repente, el hombre se incorporó y habló en voz alta y firme, pero sin gritar, llamando la atención de quienes se encontraban a su alrededor para que se acercasen. José, quien estaba a unos pasos de él, trató de reconocerlo sin mayor éxito. Ciertamente no parecía ser uno de los muchos compradores que llegaban al pueblo temprano en la mañana y partían de nuevo ya entrada la noche o al día siguiente.

Usualmente, los vendedores ignoraban esta clase de llamados ya que era práctica común entre muchos de ellos, poner sus mercancías en algún lugar y luego tratar de llamar la atención de los demás hacía su puesto, gritando, cantando y haciendo cuanto fuera necesario.

Sin embargo, en aquella ocasión, las personas que allí se encontraban presentes gravitaron hacia el anciano, quizás atraídas por su figura un tanto enigmática. No había nada extraño en su atuendo o su apariencia, pero se percibía en él una calma y serenidad que contrastaba con el desasosiego e intranquilidad que solía caracterizar a la mayoría de los comerciantes. Su voz era suave pero sonora, e inspiraba confianza. De alguna manera, no se le sentía como un extraño sino como alguien que siempre había sido parte de aquel lugar.

Después de unos minutos se juntaron un par de decenas de personas a su alrededor, dispuestas a escuchar lo que tenía que decir. Como quien comparte con un grupo de amigos en la intimidad de su hogar, el hombre comenzó a hablar con tal familiaridad que los allí presentes dejaron de un lado lo que les ocupaba y se dispusieron a prestarle su total atención.

—"He tenido la buena fortuna de recorrer y visitar grandes ciudades en tierras desconocidas para la mayoría de ustedes; diversidad de parajes que asombran por su colorido y belleza, pequeños caseríos y pueblos como éste, llenos de gran vitalidad y comercio.

En todos ellos encuentro lo mismo. Personas que semana tras semana llegan al mercado con la esperanza de vender el fruto de sus cosechas, la leche o la carne que han producido sus hatos y rebaños. Todos tratando de conseguir lo suficiente para subsistir, mantener a sus familias y quizás tener algo de sobra, que sea el comienzo de su pequeña fortuna personal. Y tan enfocados están en esa pequeña fortuna que desean construir para dejar de herencia a sus hijos, que no han visto la gran fortuna que se encuentra frente a ellos".

—"Bueno, ve al grano y dinos que estás vendiendo para poder continuar con nuestros quehaceres", interrumpió abruptamente uno de los allí presentes.

—"No te apresures, que por lo que quiero venderte no vas a tener que pagar un solo centavo".

—"En tal caso, dame una docena y déjame continuar con mi trabajo a ver si puedo vender mi carga, para poder así comprar algunas cosas y regresar al rancho a preparar la venta de la próxima semana", respondió en forma burlona el hombre.

—"Ese es precisamente el problema al cual me refería anteriormente. La gran mayoría de ustedes están concentrados en vender su pequeña carga y conseguir lo suficiente para producir otra pequeña carga que puedan vender a la semana siguiente. No obstante, el tamaño de ésta o el producto de las ventas nunca aumenta; los años pasan, el cuerpo no responde igual que cuando éramos jóvenes y el trabajo es cada vez más arduo.

¿Quién de ustedes se ha sentido de esta manera alguna vez?".

Nadie profirió palabra alguna, pero las miradas evasivas de los presentes y un silencio general que pareció durar una eternidad lo dijo todo. José escuchaba con mucha atención, presintiendo que quizás en las palabras de este hombre se encontraba la respuesta a muchos de sus interrogantes.

"¿Qué responderías si te dijera que el vendedor más rico del mundo quisiera poder trabajar para ti, vendiendo toda tu carga al mejor precio posible; que está listo para ayudarte a duplicar el producido de tu tierra, y que está dispuesto a trabajar para ti absolutamente gratis?".

—"Diría que estás loco", gritó otro hombre, provocando risas y burlas entre los demás.

—"¡Ah! Pero esa persona existe. Es más, yo sé que si les dijera que la puedo traer a trabajar para ustedes mañana mismo, ustedes me pedirían que me asegurara que dicha persona cuenta con ésta o aquella habilidad, ya que cada una de sus actividades demanda habilidades y destrezas especiales, ¿no es cierto?

De poco sirve un herrero en la cosecha del trigo, o un segador al momento de esquilar las ovejas. Cada labor requiere ciertas habilidades que no pueden ser improvisadas o ignoradas".

"Permíteme hacerte una pregunta", repuso el anciano, dirigiendo su mirada hacia un hombre que se había sentado muy cerca de él, y quien parecía estar disfrutando de sus palabras: "Si pudieras escoger las habilidades de esta persona, ¿qué destrezas quisieras que tuviera este individuo que va a trabajar gratis para ti por el resto de tu vida? Si pudieras dotarla de cualquier aptitud o habilidad, ¿qué capacidad quisieras que ella poseyese?"

—"Que sea hábil y astuto para los negocios", respondió el hombre con convicción.

—"Muy bien", dijo el anciano, y procedió a escribir estas cualidades en la tierra, con una rama seca que encontró a su lado.

—"Que sea honesto", dijo otro.

—"¡Leal y fiel!"

—"¡Trabajador!" Repuso un pastor que se había detenido allí con su pequeño rebaño.

—"¡Entusiasta!", gritó José ansioso de descubrir hacia donde iba aquel hombre con todo esto.

—"¡Disciplinado!"

—"Constante", repuso una mujer.

—"Bueno", se aventuró a decir un niño que había llegado allí atraído por la gritería.

Y así, la gente continuó describiendo las cualidades de este supuesto trabajador inmejorable, inspirada por la pequeña conmoción que se había suscitado.

Perseverancia... gratitud... decisión... una tras otra continuaron surgiendo más y más cualidades hasta que poco a poco el furor pareció irse apagando. Cuando la gente finalmente calló y pareció no encontrar más atributos de los cuales dotar a aquel vendedor ideal, el anciano pidió a las personas que se reunieran alrededor de todo aquello que él había escrito en el suelo.

—"¿Lo ven? Aquí están todas las aptitudes, habilidades y destrezas que les gustaría ver en este vendedor ideal. ¿Cuántos quisieran verdaderamente tener a esta persona trabajando para ustedes?" Todos asintieron.

"¿Cuántos creen que una persona con estas cualidades puede triunfar en cualquier trabajo que emprenda?" Nuevamente la aprobación pareció ser general.

"Es más", pregunto el anciano, "¿quienes quisieran poder poseer estas aptitudes?" Esta vez, la aprobación fue aún mayor.

Entonces el anciano calló por un momento, recorrió con sus ojos las miradas expectantes de los mercaderes, mujeres y niños que esperaban ansiosamente la siguiente palabra. Y después, suavemente, como en un murmullo, dijo:

—"Ustedes ya poseen todas estas cualidades. Este vendedor ideal al cual me he referido ya existe en cada uno de ustedes".

La muchedumbre pareció desconcertada ante aquella aseveración. Fue como si a pesar de lo que tal afirmación representaba, en lugar de ser recibida como una buena nueva, llena de esperanza, hubiese sido una mala noticia. Nadie supo qué responder hasta que, armado de todo el valor del mundo, José se atrevió a decir:

—"Si es cierto, como dices, que todos contamos con esas aptitudes, ¿por qué entonces, como bien observabas hace un momento, todos estamos apenas subsistiendo?"

—"Buena pregunta", repuso el anciano, sonriendo, mientras se acercaba a José. "El problema no es que ustedes no las tengan, sino que no las utilizan. Pero todos y cada uno de ustedes, desde el más joven hasta el más viejo, ya poseen, en mayor o menor grado, cada una de estas cualidades".

Este argumento siguió sin convencer a ninguno de los presentes. Por su parte, José, comenzaba a apreciar como algunas de las aseveraciones de este hombre empezaban a tener sentido.

Viendo la incertidumbre de la audiencia, el hombre se incorporó y con una actitud firme, como la de un padre a punto de enseñarle una lección de vida a un hijo, trazó con la rama seca que tenía en la mano un gran círculo alrededor de todas aquellas cualidades que había escrito en el suelo.

—"Les voy a probar que lo que estoy diciendo es verdad," gritó para asegurarse que todo el mundo lo escuchara. "Quiero leer cada una de estas cualidades que ustedes identificaron como los atributos del trabajador ideal. Recuerden que ustedes mismos han dicho que cualquier persona que las posea podría triunfar en cualquier actividad.

Cuando lea cada una de ellas quiero que cualquiera de ustedes me detenga cuando mencione una que usted no crea poseer. Si considera que esa cualidad no está presente en su interior, así sea en menor grado, déjenmelo saber".

Una por una, el anciano leyó más de veinte virtudes que la muchedumbre había identificado sin que nadie le detuviera mientras leía.

El hombre estaba en lo cierto. José sintió su cuerpo estremecerse ante lo que esto significaba. Mientras aquel extraño leía estas cualidades, él pudo ver que las poseía todas. Quizás hubiese querido tener algunas de ellas en mayor medida, pero el hecho era que las poseía, se encontraban dentro de él. Hasta ese momento él había estado buscando el secreto del éxito en los actos y forma de ser de aquellos vendedores que secretamente consideraba maestros de su profesión. Sin embargo, nunca pensó buscarlo dentro de sí mismo.

Pero si estas cualidades en realidad se encontraban presentes en su interior, qué lo detenía para utilizarlas. ¿Por qué no las sentía como propias? ¿Por qué razón no hacía uso de ellas para alcanzar sus metas y vivir la vida de abundancia y felicidad que deseaba?

Poco a poco la multitud se fue dispersando, unos absortos y pensativos, otros aún desconcertados y algunos indiferentes ante lo que habían escuchado.

Cuando todos se hubieron retirado y el anciano se disponía a marcharse, José se acercó, dispuesto a compartir con él lo que sentía en su interior, lleno de preguntas e inquietudes. Pero antes que pudiese abrir la boca el anciano le dijo: "todas las respuestas que buscas están en tu interior".

—"Mi nombre es José", respondió él. "Por largo tiempo he venido a esta plaza cada semana con la esperanza de..."

—"¿De aprender cómo ser un gran vendedor?", repuso el anciano, como si hubiese leído su mente.

—"¿Cómo lo supo usted?" respondió extrañado José. "¿Ha hablado usted con mi padre?"

—"José, a pesar de no haberte conocido antes, es fácil ver en tu cara que estás buscando con ansiedad a esa persona que acabo de describir. También puedo ver que por primera vez, hoy crees que ella puede encontrarse en tu interior. Porque lo cierto es que lo que has venido buscando en otras personas ya se encuentra dentro de ti. ¿Entiendes lo que te estoy diciendo?

—José asintió, aunque sin mucha convicción.

—"Déjame contarte una historia", repuso el hombre.

Hace algún tiempo, en un reino, no muy lejos de estas comarcas, sucedió que un día la reina se quitó un hermoso collar que tenía puesto, para darse un baño. Con mucho cuidado lo dejó sobre la mesa, pero no advirtió que la ventana estaba abierta. Atraído por el resplandor de la hermosa joya, un cuervo entró en la habitación, tomó el collar y salió volando.

La historia cuenta que la torpe ave se lo llevó hasta un árbol donde intentó comérselo y cuando vio que no le gustaba, lo dejó en una rama.

Mientras tanto, la reina estaba desesperada. Su collar favorito había desaparecido. Cuando el rey volvió, la encontró llorando desconsolada.

Él le ofreció comprarle un collar mejor, pero ella le respondió que ningún otro collar podría sustituir aquella joya. Quería su collar de vuelta y deseaba que el rey hiciese cuanto fuera para lograrlo. Así que el rey ofreció una recompensa a quien lo encontrara.

Algunos lo buscaron pero no pudieron hallarlo, así que el rey ofreció una recompensa mayor. Más gente se unió a la búsqueda, pero seguían sin localizarlo. Desesperado, el monarca anunció que daría la mitad de su reino a quien lo encontrara, y todo el mundo se puso en la tarea de buscarlo.

Cerca del palacio había un canal lleno de agua sucia, y bajo un árbol, alguien vio el reflejo del collar en el agua, así que se quitó la ropa y se tiró al canal. Cuando otros le vieron, sospecharon que había encontrado el collar e hicieron lo mismo, luchando por ser los primeros en localizarlo. Poco después, algunos guardias que pasaban por allí, vieron lo que ocurría y se les unieron. El jefe de la guardia del rey, que también pasaba por aquel lugar, hizo lo mismo, esperando ser él quien se hiciera con el collar. Pero nadie podía encontrarlo.

Todos veían que la imagen seguía allí, así que concluyeron que era sólo un espejismo. Algunos, frustrados abandonaron la búsqueda y se marcharon. Otros continuaban sumergiéndose una y otra vez, y otros más decidieron sentarse en la orilla a esperar que algo sucediera.

Un hombre sabio que iba caminando por allí les preguntó:

—"¿Por qué saltan todos a esa agua sucia?"

—"Estamos buscando un collar que ha perdido la reina y por el cual el rey ha ofrecido una gran recompensa".

—"¿Qué les hace pensar que está en el fondo de esas aguas malolientes?"

—"Podemos verlo desde fuera del agua pero debido a la suciedad del agua no podemos encontrarlo".

El hombre rió al escuchar esto y les dijo:

—"Lo que están buscando no está en el agua, sino arriba, en el árbol. Lo que ven en el agua es sólo un reflejo".

"¿Ves José?", continuó el anciano, "la mayoría de nosotros hacemos lo mismo. El éxito y la felicidad auténticos están dentro de nosotros, pero los buscamos fuera. Tratamos de encontrarlo en las aguas turbias de este mundo. Mucha gente se quita la ropa y salta al agua oscura con la esperanza de encontrar aquello que los haga exitosos y felices. Pero muy pocos se dan cuenta que aquello que con tanta ansiedad buscan, ya se encuentra dentro de ellos.

Tú buscas con impaciencia en el comportamiento de los demás comerciantes el secreto que esperas te convierta en el vendedor más rico del mundo. Sin embargo, ese gran vendedor ya existe dentro de ti. Esas cualidades que tanto anhelas aprender de otros ya están en tu interior. Lo único que necesitas hacer es reconocerlas, reclamarlas y desarrollarlas.

Todas las cualidades que tú y las demás personas identificaron hace un momento existen en tu interior. Tú lo sabes. Pude ver en tus ojos que el reconocimiento de esta verdad te sorprendió y te despertó a una nueva realidad.

Así que anda tranquilo, sabiendo que lo que tanto buscabas ya lo has encontrado.

Comienza hoy mismo a comportarte como quien se sabe poseedor de dichas cualidades y verás como, poco a poco, la vida que tanto anhelas se va haciendo realidad".

Camino a casa, ya entrada la tarde, José reflexionaba sobre lo que había ocurrido aquel día. Pensaba en la gran sabiduría que encerraban las palabras que había escuchado. Era como si aquel extraño le conociera y hubiese estado hablándole sólo a él; como si hubiese podido leer su mente y percibir sus deseos más profundos, sus dudas, sus frustraciones...

A la mañana siguiente se despertó aún pensando en las palabras de aquel anciano.

Al transcurrir el día, la respuesta a sus inquietudes comenzó a hacerse cada vez más clara. Si estas aptitudes ya residían dentro de sí, el primer paso debía ser aceptar esta nueva realidad y comenzar a actuar de acuerdo con ella.

José comenzó a advertir como el solo hecho de saberse poseedor de estas cualidades había comenzado a destruir los temores y dudas que no le habían permitido actuar anteriormente.

Durante un par de horas, el joven recapacitó acerca de todo lo que debía aprender para convertirse en un gran vendedor. Decidido a descubrir el camino para lograrlo se dirigió a la posada donde había visto entrar al anciano la tarde anterior. Tenía muchas preguntas y estaba seguro que él tenía las respuestas.

Saludó al conserje y, sin perder tiempo, le preguntó dónde podía encontrar a aquel hombre.

—"Sé de quien me hablas", respondió el hombre, "sin embargo, él partió muy de mañana, y no podría decirte con seguridad en que dirección se marchó".

Desconcertado ante la noticia pensó en salir por alguno de los caminos principales con la esperanza de encontrarlo. "¿Sabe usted cuál es su nombre, o de qué región provenía?", preguntó con ansia.

—"No se nada de él. Todo el tiempo que estuvo en el albergue, lo pasó solitario en el jardín, con la excepción de las cortas visitas que hizo al mercado.

José no podía ocultar su tristeza. Hubiese querido hablar con él, compartir sus metas, buscar claridad en cuanto a lo que debía hacer. Pero había llegado demasiado tarde o, ¿había algo que aún pudiese hacer?

Nada podía haberlo preparado para lo que ocurriría después.

Cuando se disponía a salir del albergue, el conserje le dijo: "es posible que esté equivocado, pero creo que antes de marcharse, aquel anciano dejó algo para usted".

—"¿Para mí?" preguntó José con sorpresa. "Debes estar equivocado. No creo que él supiera que yo vendría esta mañana".

—"Antes de salir", prosiguió el tendero, "el anciano me pidió que le entregara esto a la persona que viniera preguntando por él durante la mañana. Pronto será medio día y nadie más ha venido inquiriendo por él".

Extendiendo la mano el tendero entregó a José un pequeño cofre de madera.

Éste lo tomó sin vacilar y partió hacía su casa apresuradamente. ¿Cómo sabía aquel hombre que él iría a buscarlo aquella mañana? ¿Qué contenía esta caja? Sin esperar a llegar, abrió rápidamente el pequeño cofre y en su interior descubrió un viejo pergamino con letras apenas legibles. Abriéndolo con cuidado, José pudo leer en la parte superior del manuscrito la siguiente inscripción: *Los diez secretos del vendedor más rico del mundo.*

Su corazón latía precipitadamente. No podía creer lo que tenía en sus manos. Comenzó a leer con rapidez sin sospechar como estos escritos cambiarían su vida. Nunca se imaginó que en ellos encontraría los secretos que tantas mañanas vino a buscar en la plaza del mercado.

"Nunca más supe de aquel hombre. Sin embargo, las enseñanzas de ese día, y los principios que descubrí en aquellos pergaminos fueron el comienzo de una nueva vida para mí. Desde ese momento ya no fui la misma persona. De repente, tuve una gran claridad acerca de las fallas de mi pasado y de las grandes oportunidades que se encontraban frente a mí. Por primera vez tuve la certeza de poseer las aptitudes y destrezas necesarias para aprovechar todas las oportunidades que la vida pusiera en mi camino.

Después de aplicar cada uno de estos principios con disciplina y constancia logré alcanzar el éxito que siempre había anhelado. Ellos fueros la base para triunfar en todas las áreas de mi vida, no sólo en el campo de las ventas. Gracias a ellos, con el tiempo, llegué a ser conocido como el vendedor más rico del mundo. Por esa razón, desde entonces siempre he buscado compartirlos con todo aquel que desea construir una carrera productiva y exitosa en esta hermosa profesión.

Aquel anciano, al igual que mi padre, sabían, quizás el secreto más grande del éxito: Dentro de cada uno de nosotros yace un gigante adormecido, poseedor de grandes cualidades, talentos y virtudes. Un gigante que sólo espera ser despertado para trabajar para nosotros en el logro de nuestros sueños y metas más ambiciosas.

Pon en práctica las enseñanzas que encierran cada uno de estos principios y tú también podrás lograr cada meta que tengas, por imposible que hoy pueda parecerte. Hazlo con perseverancia y entusiasmo y así tú podrás llegar a convertirte en el vendedor más rico del mundo".

Los diez secretos del vendedor más rico del mundo

Primer secreto:

Todos somos vendedores. Seamos conscientes o no de ello, todos estamos vendiendo constantemente, ya que el vender no se limita a la oferta de un producto, sino que incluye el ofrecimiento de servicios, ideas, talentos o habilidades. La única diferencia entre el gran vendedor y el vendedor promedio es que el primero está dispuesto a hacer todo lo que el segundo no haría.

Segundo secreto:

Tanto el vendedor exitoso como el vendedor promedio cuentan con 24 horas al día. El mayor contraste entre ellos está en la manera como invierten su tiempo. Mientras los triunfadores aprenden a administrar su tiempo con efectividad, por considerarlo su recurso más valioso, los demás lo gastan en trivialidades y actividades de poca importancia.

Tercer secreto:

Aprender es la clave del éxito en las ventas, y es una actividad que dura toda la vida. El vendedor de éxito sabe que su capacidad para alcanzar mayores logros sólo está limitada por su disposición para crecer y desarrollar sus habilidades de manera continua. Por esta razón, se asegura siempre de invertir parte de su tiempo y de su dinero en su crecimiento y desarrollo personal y profesional.

Cuarto secreto:

El proceso de la venta consta de dos etapas. La primera consiste en establecer la conexión con nuestros clientes, de manera que ellos sepan que nosotros somos la persona más indicada con la cual ellos pueden realizar sus negocios. Una vez hayamos logrado esto, podemos pasar a la segunda etapa, que consiste en la presentación y venta de nuestro producto o servicio.

Quinto secreto:

La regla de oro en las ventas no es tratar a los demás como nosotros deseamos ser tratados, sino como ellos desean ser tratados. Cada ser humano procesa la información de manera diferente, toma decisiones y responde a lo que escucha de forma distinta. El vendedor exitoso busca siempre personalizar el trato que da a sus clientes y armonizar su estilo de comunicación con el de ellos.

Sexto secreto:

El vendedor que triunfa sabe cuales son las razones más comunes que impiden que las personas compren. Él entiende que su papel más importante es ayudar a sus clientes a eliminar sus propias objeciones. Su principal objetivo es crear una atmósfera de confianza donde le sea fácil al cliente tomar la decisión de comprar.

Séptimo secreto:

El vendedor de éxito es conciente que cuando él habla, todo su cuerpo habla. Sabe que si no hay armonía y correspondencia entre los tres aspectos de su mensaje —lo que dice, cómo lo dice y su lenguaje corporal— tendrá menos oportunidades de llegar a la mente de su interlocutor y disminuirá el nivel de credibilidad de su cliente en él y en su mensaje.

Octavo secreto:

El gran vendedor conoce su producto y le ayuda a su cliente a enfocarse en los beneficios que éste traerá a su vida. También sabe que la mayor diferencia entre él y la competencia está en la manera como atienda a sus clientes. Si presta una atención especial a sus necesidades y preocupaciones, y ofrece un gran servicio, podrá contar con clientes para toda la vida.

Noveno secreto:

El vendedor exitoso sabe que el objetivo de su presentación es cerrar la venta. Las objeciones, lejos de ser negativas, son muestra del interés del cliente en su oferta. El cierre es la prueba final de que el vendedor ha hecho un excelente trabajo, y el cliente ha decidido que el producto responde a sus necesidades, y está listo a comenzar una relación comercial.

Décimo secreto:

El vendedor de éxito sabe que el cierre, lejos de ser el final de la venta, es el comienzo de una relación de negocios que puede durar toda la vida. El secreto de una vida productiva y llena de logros en este campo depende de lo que hagamos después de cerrada la venta.

NOTA DEL AUTOR:

No me cabe la más mínima duda que estos diez secretos son el camino hacia la construcción de una carrera altamente productiva en el campo de las ventas. Estos principios son tan válidos hoy, en el gran mercado global del siglo XXI, como cuando José tuvo la oportunidad de leerlos por primera vez hace ya largo tiempo en aquella pequeña población perdida en algún lugar de nuestro continente.

En los siguientes capítulos encontrarás aplicaciones prácticas de cada uno de estos principios. De igual manera, descubrirás ejemplos de personas y empresas que lograron cosechar grandes beneficios como resultado de ponerlos en práctica. Te invito a que hagas uso de las estrategias aquí presentadas para que tú también construyas una carrera altamente productiva en esta hermosa profesión.

1

Todos somos vendedores

Primer secreto:

Todos somos vendedores. Seamos conscientes o no de ello, todos estamos vendiendo constantemente, ya que el vender no se limita a la oferta de un producto, sino que incluye el ofrecimiento de servicios, ideas, talentos o habilidades. La única diferencia entre el gran vendedor y el vendedor promedio es que el primero está dispuesto a hacer todo lo que el segundo no haría.

¿Qué he estado vendiendo hasta ahora? fue la primera pregunta que se hizo José después de leer este primer gran secreto. Podía escuchar las palabras de su padre retumbando en el interior de su mente: "Dentro de ti existe un gigante, capaz de alcanzar cualquier cosa que te propongas. Cuando tú creas esto, cuando aceptes la inmensidad de tu ser y dejes de dudar de tus capacidades, verás a este gigante en acción".*

Era claro que lo que su padre había tratado de hacer una y otra vez era venderle la idea de que él poseía el talento y las habilidades para triunfar en cualquier cosa que se propusiera. No obstante, en lugar de aceptar esta idea, él había continuado enfocándose en sus debilidades, ignorando sus fortalezas, y asumiendo que esa grandeza de la cual hablaba su padre, seguramente se encontraba en otros, pero no en él.

Pero algo sorprendente había ocurrido desde el preciso momento en que aquel anciano le hizo ver que él de verdad poseía las cualidades que podían convertirlo, no sólo en un gran vendedor,

*sino en el triunfador que siempre había querido
ser. Desde aquel instante sus temores y dudas
habían comenzado a desaparecer. Una fuerza y
seguridad interior pareció apoderarse de él. Sus
aparentes debilidades se convirtieron en retos, y
sus sueños, por primera vez, parecían más facti-
bles y realizables que nunca.*

*José pensó en las interminables horas que había
pasado en la plaza buscando en el comportamiento de aquellos comerciantes, lo que siempre estuvo
dentro de él. Por un momento se vio a sí mismo
como uno de aquellos hombres que, cegados por
su propia ignorancia, saltaban a las aguas sucias
en busca de un tesoro que no estaba allí.*

*En aquel instante, José se hizo la promesa de
despertar a ese gigante que tanto su padre como
aquel extraño habían reconocido en él.*

⚬━♯━⚬

El diccionario de la Real Academia Española de la lengua
define la palabra vender como "el traspasar a alguien por
el precio convenido algo que uno posee", o "el exponer u
ofrecer mercancías para quien las quiera comprar".

Es obvio que estas definiciones están limitadas en su
enfoque al proceso de las ventas en sus aplicaciones mera-
mente comerciales y mercantiles. Sin embargo, el diccionario también ofrece los siguientes sinónimos para la palabra
vender: transferir, persuadir, exponer y convencer.

Estas definiciones alternas nos permiten concebir el
proceso de las ventas desde una perspectiva mucho más

amplia, donde vender no se limita al ofrecimiento de productos o mercancías, sino que incluye la oferta de servicios, ideas, destrezas y otros beneficios no tangibles.

Teniendo esto en cuenta, es posible aseverar que, seamos conscientes o no de ello, todos somos vendedores. Todos estamos vendiendo constantemente. Si buscamos nuevas oportunidades de trabajo, tenemos que encontrar la mejor manera de ofrecer, mercadear y vender nuestros talentos y habilidades profesionales a nuestro posible empleador –quien, en tal caso, es nuestro cliente—.

El empresario independiente que comparte una oportunidad de negocio con otras personas, está vendiendo. Los padres están constantemente vendiéndoles a sus hijos la idea de adoptar los valores y principios que creen que serán de mayor beneficio para su éxito personal.

Inclusive cuando no creemos que estemos vendiendo, lo estamos haciendo. Preocuparnos por nuestro vestido y apariencia personal antes de una cita con un amigo; repasar cuidadosamente aquello que vamos a presentar a un grupo de colegas; asegurarnos de ofrecer un buen saludo y dar una buena impresión cuando conocemos a alguien, son todas actividades que forman parte del proceso de las ventas. Así que, como ves, siempre estamos vendiendo.

Entonces la cuestión no es si eres o no vendedor, sino si eres bueno o malo vendiendo. Porque que vendes, ¡vendes! Hago énfasis en esto, porque muchas personas se pueden estar preguntando si deberían estar leyendo un libro sobre ventas.

Si esto ya se te pasó por la mente, quiero que tengas presente que los principios que descubrirás a todo lo largo de estas páginas, no sólo te ayudarán a crear una carrera más productiva y exitosa en el campo de las ventas, sino que te mostrarán el camino para construir mejores relaciones con las demás personas, te ayudarán a desarrollar una gran autoestima y te enseñarán el importante arte de la comunicación efectiva.

Por supuesto que en él descubrirás diferentes estrategias que te permitirán aumentar tu productividad personal, encontrarás ideas que te ayudarán a responder a las objeciones más comunes que puedas encontrar cuando te halles frente a un cliente, y a incorporar persuasión y efectividad en cada una de tus presentaciones. Pero recuerda que las cualidades del vendedor de éxito que describiré aquí y que te indicaré cómo desarrollar, son las mismas que te ayudarán a utilizar el máximo de tu potencial, de manera que puedas lograr las metas más importantes en cualquier área de tu vida.

El vendedor de éxito está dispuesto a hacer todo lo que el vendedor promedio no haría

El proceso de las ventas es como un gran rompecabezas compuesto de muchas partes. Como en cualquier rompecabezas, todas las piezas son necesarias para lograr el resultado final. Y aunque siempre hay algunas partes que nos proporcionan mayor información que otras, al final, lo verdaderamente importante es lograr poner todos los pedazos juntos y obtener nuevamente el dibujo inicial.

El rompecabezas de las ventas también consta de muchos pedazos: El cliente, sus necesidades; el producto, sus características, su precio, los beneficios que provee; el vendedor, su personalidad; los cierres, la atención y muchos otros aspectos que cuando logran conjugarse armónicamente producen el resultado final: La venta de un producto o servicio que responda a las necesidades, tanto del cliente como del vendedor.

Curiosamente, tanto el vendedor promedio —aquel que no ha cosechado mayores éxitos— como el vendedor exitoso, conocen los beneficios de su producto, las características, el costo, la garantía, la financiación disponible y todos los demás aspectos pertinentes al producto. Tanto el uno como el otro saben cuáles son los elementos básicos del proceso de las ventas, han aprendido diferentes cierres y saben la manera de responder a las posibles objeciones que el cliente pueda tener.

De hecho, como veremos más adelante, es posible tener dos vendedores que están ofreciendo el mismo producto, trabajan para la misma empresa, tienen los mismos elementos a su alcance y han organizado su presentación de manera similar, realizando una presentación de ventas al mismo cliente. Y en algún momento, a lo largo de este proceso, el mismo cliente opta por decirle *sí* a uno de ellos y *no* al otro. ¡El mismo cliente!

Cuando ocurre esto, la pregunta que debemos hacernos es: ¿Qué cualidades posee esta persona que hace que el cliente prefiera hacer negocios con ella en lugar de comprarle a la otra? ¿Qué distingue a este vendedor de éxito del vendedor promedio?

Para responder a esta pregunta es importante no olvidar que el proceso de las ventas se describe mejor, no con el uso del sustantivo *venta*, sino con el uso del verbo *vender*.

¿Cuál es la diferencia? La venta es una acción. Comprar cualquier cosa es una decisión emocional. Es el resultado de la interacción entre dos personas: el vendedor y el comprador.

Es vital tener esto siempre presente, ya que en ocasiones solemos olvidar que ese cliente potencial, consumidor, prospecto, comprador, o como queramos llamarlo, es mucho más que eso: es una persona. Es un ser humano como tú o como yo, con metas y objetivos específicos, dudas y necesidades especiales.

No puedes pensar en ella como un porcentaje, un número, o una transacción más. Tampoco puedes verla como una cifra que necesitas para llenar tu cuota mensual, o un volumen que requieres para lograr tu meta personal de ventas.

Para el vendedor promedio su principal objetivo es la comisión inicial que cada venta le pueda representar. Muchas veces, en su afán por cerrar la siguiente venta y ganar la próxima comisión, olvida crear un lazo de amistad con sus clientes; una relación que perdure y cree lealtad entre ellos.

Como resultado de eso, debe trabajar más duro en expandir constantemente su mercado, de manera que pueda conseguir nuevos clientes para reemplazar aquellos que perdió. Este vendedor promedio es un mercader de una sola venta por cliente. Él no cuenta con clientes que vengan a buscarle una y otra vez, ni recibe referidos que le signifiquen nuevas oportunidades de negocio.

Por su parte, el vendedor profesional, aquella persona que ha tomado la decisión de hacer de las ventas su profesión, actúa de otra manera. Ella sabe que la única manera de llegar a la cumbre del éxito en el mundo de las ventas es desarrollando un legítimo interés en el cliente y en sus necesidades. Ha comprendido que las comisiones, las ganancias y los altos volúmenes de ventas no son más que el resultado de interesarse genuinamente por sus clientes; de dar la mejor atención y prestar el mejor servicio a cada uno de ellos; de implementar ciertos principios básicos que la harán más efectiva al momento de cerrar cada venta; de poseer metas y objetivos claramente definidos y haber desarrollado un alto grado de motivación y entusiasmo hacia su profesión.

Pero entonces, ¿qué caracteriza a estos vendedores de éxito? ¿Por qué es que algunos de ellos tienen más éxito que otros? ¿Por qué es que algunos ganan más dinero, cosechan más triunfos, disfrutan más su profesión y obtienen mayor satisfacción de ella, mientras que la inmensa mayoría de profesionales en el campo de las ventas opera a niveles de rendimiento muy por debajo de su verdadero potencial?

Seguramente habrás escuchado hablar de la regla del 80-20. Este principio, presentado por el economista italiano Wilfredo Pareto a comienzos del siglo pasado, reveló que en la empresa promedio, el 80% de las ventas generalmente eran realizadas por el mismo 20% de los vendedores. El doctor Joseph Juran, pionero de la calidad total, se refirió a dicho principio como la regla de "las pocas cosas vitales frente a las muchas cosas triviales", anotando que el 80% de los resultados en cualquier empresa generalmente son consecuencia del 20% del esfuerzo.

En cualquier industria existe un pequeño porcentaje de vendedores —sólo un 20%— que son mucho más efectivos y, debido a esto, generan un 80% del total del volumen de ventas realizado, mientras que el resto es mucho menos eficaz y, en conjunto, no logra efectuar sino un 20% del total del volumen de ventas.

¿En cuál grupo te encuentras tú en este momento? Si no lo deseas, no tienes que responder a esta pregunta, ya que si estás leyendo este libro es porque seguramente quieres ser parte de ese 20% más productivo.

Hace unos años una compañía quería comprobar si después de casi un siglo el principio propuesto por Pareto aún se mantenía vigente en el mundo de las ventas actual. Aprovechando que había acumulado toda la información acerca de sus ventas y comisiones a lo largo de varias décadas, en varios países, y con cientos de miles de vendedores, se pusieron en la tarea de verificar esta regla. El resultado de dicha investigación ratificó el postulado que Pareto formulara cien años atrás. Tal como él lo había pronosticado, el 20% de los vendedores había realizado el 80% del total de las ventas.

Sin embargo, algo aún más sorprendente que determinó este estudio, fue que la persona promedio de ese 20% más productivo ganaba aproximadamente 16 veces más que la persona promedio del 80% menos productivo. Ella no ganaba un 50% o un 100% más que los otros. Ganaba en promedio un 1600% más que el resto de los vendedores.

Ahora bien, el hecho de que los vendedores más productivos ganen 16 veces más que los demás, ¿quiere decir que sean 16 veces mejores, ó 16 veces más inteligentes? ¿Indica que están 16 veces más preparados o que conocen 16 veces mejor su producto? ¡No!

Una y otra vez se ha demostrado que los vendedores más productivos son simplemente un poco mejores que los demás en ciertas áreas críticas. No 16 veces mejor, sino un poco mejor en ciertas áreas de vital importancia en el campo de las ventas. Pero esa pequeña diferencia en su manera de pensar y actuar es suficiente para establecer esa gran diferencia en los resultados obtenidos.

Esta es una buena noticia, ya que nos plantea un gran reto: Lo único que necesitamos hacer si queremos aumentar nuestros ingresos es estar dispuestos a dar un poco más que la persona promedio en ciertas áreas específicas. De ahí que la segunda parte de este secreto establezca que el vendedor de éxito es aquel que hace todo lo que el vendedor común y corriente no está dispuesto a hacer.

¿Cuales son esas áreas críticas en las que tenemos que mejorar si queremos cosechar resultados superiores? Diferentes estudios han señalado que los vendedores más productivos son simplemente un poco mejores que los demás en las siguientes áreas: (1) actitud personal y nivel de motivación, (2) administración efectiva de su tiempo, (3) crecimiento y desarrollo personal, (4) conocimiento de su producto o servicio, (5) identificación de nuevos clientes y mercados, (6) desarrollo de una presentación eficaz de su producto o servicio, (7) capacidad para identificar rápidamente las necesidades de sus clientes, (8) destreza para responder a las posibles objeciones que ellos puedan tener, (9) habilidad para ayudar al cliente a tomar decisiones, y (10) seguimiento certero y oportuno.

El dominio de estas áreas es esencial para el éxito en las ventas; la debilidad en cualquiera de ellas puede ser desastrosa. Como verás, estos diez aspectos serán tratados a todo lo largo de este libro.

El tiempo: nuestro recurso más valioso

Segundo secreto:

Tanto el vendedor exitoso como el vendedor promedio cuentan con 24 horas al día. El mayor contraste entre ellos está en la manera como invierten su tiempo. Mientras los triunfadores aprenden a administrar su tiempo con efectividad, por considerarlo su recurso más valioso, los demás lo gastan en trivialidades y actividades de poca importancia.

Una de las primeras diferencias que José pudo advertir entre el vendedor exitoso y el resto de los comerciantes fue la manera en que organizaban su tiempo. Mientras los primeros estaban listos con sus tiendas y mercancías mucho antes que los compradores llegaran al mercado, otros, aún se encontraban armando sus tiendas y preparando sus productos, mucho después de que la multitud ya se había apoderado del lugar.

Esta pobre administración de su tiempo ocasionaba que perdieran innecesariamente un gran número de ventas debido a la manera tardía como solían instalarse. Fuera de eso, ellas parecían siempre estar en el lugar equivocado, dedicando las horas más productivas de la jornada a actividades de poca relevancia, mientras que lo verdaderamente importante solía pasar desatendido. Sus clientes, cansados de esperar para ser atendidos, se marchaban a otras tiendas, sin que el agobiado vendedor tan siquiera se hubiera percatado de su presencia. Tan ocupado había estado, preparándose para vender, que había perdido el cliente y la venta.

Curiosamente, pensó José, muchas personas emplean más tiempo en prepararse "para hacer" que "en hacer". Otras, sucumbían ante las urgencias de la jornada, ignorando aquellas actividades que por su importancia debían gozar de mayor prioridad.

Qué gran enseñanza contenía este secreto. Ciertamente, tanto el triunfador como el fracasado cuentan con 24 horas al día. La mayor diferencia entre ellos está en la manera como deciden utilizar ese tiempo. "El tiempo es oro", solía decirle su padre cuando sentía que él estaba malgastando su día. "No derroches tu tiempo pensando en el ayer. El ayer es un cheque cancelado. No disipes tu tiempo pensando demasiado en lo que vas a hacer en el futuro. El futuro es un vale por cobrar. Actúa hoy. El presente es oro puro. Así que aprende a invertirlo sabiamente".

⌒≈≈⌒

El vendedor exitoso ha desarrollado una gran habilidad para enfocar su esfuerzo y dar prioridad a todas aquellas actividades que le permiten desarrollar su trabajo con una mayor efectividad.

Zig Ziglar suele decir que los vendedores empiezan todos los días sin trabajo, ya que ellos sólo pueden decir que están trabajando cuando están vendiendo. Y aunque puede parecer gracioso, hay mucho de verdad en esta aseveración. Si tomamos en cuenta cuál es la tarea principal de todo vendedor, es fácil deducir que éste sólo está trabajando cuando está vendiendo. Esto requiere que prestemos mucha más atención a todo aquello en lo cual invertimos nuestro tiempo. Especialmente, debido a que en el mundo moderno de las ventas se trabaja de manera mucho más independiente que en tiempos pasados.

Es posible que seas un representante de ventas que estás fuera de tu oficina el 100% de tu tiempo, visitando clientes o explorando nuevos mercados, o que seas un empresario independiente que trabaja en la industria de la venta directa, o un vendedor por comisión que trabaja con poca o ninguna supervisión durante el día. Independientemente de cuál sea tu caso, sobre ti recae la responsabilidad de administrar tu tiempo de la manera más efectiva posible.

Tú eres el único responsable de decidir cuándo y dónde reunirte con tus clientes, determinar el mejor momento para hacer llamadas telefónicas, responder correos electrónicos, o precisar el tiempo más apropiado para identificar o prospectar nuevos clientes. Es tu obligación asignar prioridades, identificar aquellas actividades en las cuales debes concentrar tu esfuerzo, eliminar o posponer actividades de menor prioridad y desarrollar una rutina que te permita ser lo más efectivo posible en el uso de tu recurso más valioso.

Quiero compartir contigo tres claves que te van a ayudar a organizar tu tiempo de la manera más efectiva; tres ideas que te convertirán en un profesional de las ventas mucho más eficiente, y aumentarán considerablemente tu productividad personal y profesional.

La primera idea no es mas que otra aplicación del principio de Pareto. En lo que a nuestro tiempo se refiere, la regla del 80-20 establece que las diferentes actividades de la persona promedio se pueden separar en dos grupos: "las pocas cosas vitales" y "las muchas cosas triviales".

Se ha podido determinar con considerable precisión que el 20% de las actividades que una persona realiza, producen un 80% de los resultados que obtiene, mientras que el otro 80% de las actividades en un día promedio de una persona cualquiera no producen sino un 20% de los resultados.

En el campo de las ventas, esto significa que un 20% de aquellas actividades que llevas a cabo diariamente, son responsables por un 80% del éxito que experimentas.

Una de las decisiones más importantes de todo vendedor que aspire a formar parte del grupo más productivo es medir todas sus actividades diarias con esta regla del 80-20. Sólo así podrá enfocar su esfuerzo en aquellas labores responsables por la mayor parte de su éxito.

De ahora en adelante, siempre que estés realizando o a punto de realizar cualquier actividad, pregúntate: ¿Es ésta, una de las actividades que producirán el 80% de mi éxito? Si la respuesta es no, evita malgastar tu tiempo en ella. Si adquieres el hábito de hacer esto, tu efectividad en las ventas aumentará grandemente.

Dedica el tiempo necesario para pensar antes de actuar y concéntrate en aquellas actividades que son responsables por la gran mayoría del valor de tus acciones. ¿Cuáles de ellas pertenecen a este 20%? Tú mejor que nadie sabes cuáles acciones, hábitos y actividades, forman parte de ese selecto grupo.

Toma una hoja de papel y escribe las que tú consideras que son las diez actividades de mayor importancia y trascendencia para tu éxito personal y profesional. Piensa en las actividades, hábitos o acciones que tú sabes que de ser realizados te irán acercando hacia la realización de tus metas personales y profesionales. Una vez que las identifiques, léelas y realiza una auto-evaluación para determinar si las estás realizando con la frecuencia y disciplina con que deberías estar haciéndolo.

Como mencioné anteriormente, en el mundo de hoy, los profesionales en el campo de las ventas tienen mucha más autonomía en su trabajo, y actúan de manera más independiente durante su día. Esta puede ser un arma de doble filo, ya que dicha libertad y autonomía nos hace mucho más vulnerables para que muchas actividades que no están directamente relacionadas con nuestra profesión, pero que aparentan ser urgentes, llenen nuestro horario, robándonos el tiempo que deberíamos estar dedicándole a todas aquellas actividades prioritarias para nuestro éxito.

La segunda idea que te ayudará a establecer prioridades entre tus actividades, es saber distinguir entre lo *urgente* y lo *importante*. Cuando hablo de la necesidad de administrar tu tiempo, en realidad me refiero a asumir el control de tu comportamiento; a asegurarte que tus acciones sean consistentes con tus metas personales y profesionales. A esto me refiero cuando utilizo el término *importante*; a todas aquellas acciones que te llevan más cerca de la realización de tus metas y objetivos.

De otro lado, la palabra *urgente* se refiere a todo aquello que demanda acción inmediata, pero que, puede o no, tener importancia para ti y tu futuro.

Todas las actividades que realizamos durante el día, poseen diferentes grados de urgencia e importancia, y estos niveles te permitirán examinar la relevancia que cada una de ellas tiene en tu vida profesional.

Una diferencia trascendental entre lo urgente y lo importante es que lo urgente suele presionarnos para actuar inmediatamente, mientras que lo importante no siempre viene acompañado de esa presión y sentido de inmediatez. Depende de cada uno de nosotros el darle ese carácter apremiante. Quizás esta sea la razón por la cual muchas personas desperdician gran cantidad de su tiempo en trivialidades, mientras lo verdaderamente importante pasa en forma totalmente inadvertida.

Es posible que el siguiente ejemplo te ayude a determinar si has sido víctima de esta trampa alguna vez.

Carlos, quien es padre de dos hijos, es un apasionado del fútbol. Si le preguntásemos cuál de estos aspectos es más importante en su vida, indiscutiblemente respondería que sus hijos gozan de mayor prioridad que su afición por el fútbol.

No obstante, un día Carlos llega del trabajo, y encuentra que en la televisión se está transmitiendo en directo un partido de su equipo favorito. Totalmente desconocido para él es el hecho de que al día siguiente su hijo mayor tiene un examen en la escuela, lo cual lo tiene en un estado de gran ansiedad y nerviosismo, a pesar de su aparente calma.

¿Cuál de estas dos actividades, el partido de fútbol y el estado de ansiedad de su hijo, es urgente y cuál importante? Veamos. El juego en la pantalla del televisor está diciendo:

"atiéndeme ya mismo. No mañana, no más tarde. ¡Ya mismo!"
Y como acabamos de ver, esta es la definición de *urgente*.

El apoyo y la ayuda que su hijo requiere en ese momento
son obviamente mucho más importantes. Ahora bien, para
que el comportamiento de Carlos sea consistente con sus
valores y prioridades, él debe tomar la iniciativa, sacrificar
unos minutos del partido, preguntarle a su hijo cómo se
siente, escuchar con atención y darle el ánimo y la confianza que necesita. Si hace esto, le habrá dado prioridad a lo
verdaderamente *importante* sobre lo *urgente*.

Ten presente que lo urgente no siempre es importante,
mientras que lo importante no siempre nos presiona a actuar. Así que proponte eliminar todas las trivialidades que
te están robando tu tiempo. Entre menos tiempo desper-
dicies en ellas más tiempo podrás dedicar a aquello que es
verdaderamente importante, tanto a nivel personal como
en tu carrera en el campo de las ventas.

La tercera idea que impactará favorablemente tu productividad es comenzar cada día con un plan de acción. Los
vendedores exitosos han desarrollado una gran autodisci-
plina para hacer lo que saben que tienen que hacer, cuando
saben que tienen que hacerlo. Ellos empiezan cada día con
metas claras y un plan concreto de lo que esperan lograr.

¿Qué puedes hacer tú? Todas las noches haz una lista
de aquello que deseas lograr al día siguiente. Saber con
anticipación lo que debes hacer, te permite programar tu
mente subconsciente con esta información, de manera que
ella comience a trabajar en proveerte con el mejor plan de
acción para conseguir los resultados deseados.

Al escribir tu lista de actividades ten presente que no todas las horas son igualmente ideales para realizarlas. Por ejemplo, si uno de tus clientes es un establecimiento comercial que opera en el horario regular de 10 a.m. a 8 p.m., la mejor hora para llamarlos puede ser entre las dos y las cuatro de la tarde. Si llamas en la mañana pueden estar ocupados alistando todo para el día. Si llamas después de las cuatro, coincide con su tiempo de mayor venta, así que no te prestarán la atención que quisieras. El determinar las horas de mayor efectividad con tus clientes exigirá que tomes el tiempo para conocerlos.

Pequeños detalles como este, marcan una gran diferencia en el uso efectivo de nuestro tiempo, aumentan nuestra productividad y crean una excelente impresión en nuestros clientes. El vendedor común y corriente no presta atención a estas particularidades, y como consecuencia de ello es considerado por muchos de sus clientes como molesto e inoportuno.

¿Cuánto vale una hora de tu tiempo?

Aprender a utilizar nuestro tiempo de la manera más efectiva nos permite maximizar nuestra capacidad de producir y generar mayores ingresos. Independientemente de la profesión o trabajo que realices, tus ingresos siempre estarán determinados por la manera como decidas utilizar e invertir tu tiempo.

En alguna oportunidad decidí hacerle la siguiente pregunta a un grupo de profesionales y empresarios independientes que asistían a uno de mis seminarios. "¿Cuántos de ustedes creen que les están pagando lo que valen?" Ninguno de ellos levantó la mano ni respondió de manera afirmativa. De hecho, después de escuchar sus comentarios pude percibir dos cosas: Primero, que todos sentían que no recibían lo que creían merecer, y segundo, que aún así, la mayoría de ellos no estaba haciendo nada al respecto. De hecho, muchos de ellos no pensaban que hubiera nada que pudieran hacer y se habían resignado a su suerte.

Después de esto, pasé los siguientes minutos mostrándoles cómo los ingresos o el salario que cada persona devenga van en proporción directa al valor que su trabajo agrega a la economía. Ésta es la que determina cuál es la retribución apropiada por nuestros servicios, experiencia y conocimiento, y establece que ciertas personas, de acuerdo con su trabajo, ganen cinco dólares por hora y otras ganen un millón de dólares al año.

Si estableciéramos una escala de ingresos entre estas dos cantidades —cinco dólares por hora y un millón de dólares al año— descubriríamos que la gran mayoría de nosotros nos encontramos en algún punto intermedio. Ahora bien, dónde nos encontremos es algo sobre lo cual cada uno tiene más control del que cree tener. Tanto la persona que gana cinco dólares la hora como la que gana 500 dólares la hora, se encuentran justo donde desean encontrarse.

A pesar de que es el mercado el que establece esta escala de salarios, somos nosotros los que decidimos dónde queremos encontrarnos en dicha escala. Todos nosotros, consciente o inconscientemente, no sólo nos encargamos de poner un precio a nuestro trabajo, sino que nos encargamos de comunicarle al mercado dichas expectativas.

¿Cuánto vale tu trabajo? ¿200... 500... 10.000 dólares semanales? Ya sea que lo sepas o no, cada uno de nosotros lleva una etiqueta de precio invisible. La persona que gana 200 dólares semanales se ve así misma devengando esa cantidad y no se ve ganando más de esa cifra.

Ella puede querer ganar más, pero su visión interna acerca de sí misma es la de alguien que sólo gana 200 dólares semanales. Lo mismo ocurre con aquella que gana diez mil dólares semanales. Ella ha determinado que esa es la cantidad que desea ganar. Se ha preparado para ganar dicha cantidad. Se ha visualizado recibiendo esa cantidad. Espera obtenerla, y por lo tanto, su etiqueta invisible tiene este precio.

En ningún campo es esto más fácil de apreciar que en el campo de las ventas, ya que en esta profesión todos tenemos mucho más control sobre la cantidad de ingresos que generemos. Éstos dependen de las metas que nos hayamos trazado y del trabajo que estemos dispuestos a realizar para alcanzar dichas metas.

Todos tenemos la posibilidad de determinar nuestros ingresos; tanto empresarios, como vendedores que trabajan con base en comisiones, o empleados que determinan los ingresos que desean generar al ejercitar su libertad de decidir cómo y en qué invierten su tiempo. Lo triste es que ante esta gran opción que todos tenemos, tantas personas opten por devengar entradas que nos les permitan tener el estilo de vida del cual quisieran gozar.

Recuerda que la elección sobre nuestros ingresos no es del mercado o la economía reinante. Es nuestra. Y es una elección que siempre deberíamos tomar con base en las metas y objetivos que deseamos lograr, no con base en lo que creemos que nuestros clientes pueden pagarnos o basados en los estándares que estén operando en el mercado.

Hace poco le pregunté a un joven que trabaja en una farmacia cuánto ganaba. Con aire de pesadumbre y resignación me respondió: "ocho dólares por hora". Le pregunté si eso era lo que él quería ganar.

—"¿Te alcanza para vivir como verdaderamente deseas vivir?"

—"¡No!" Fue su respuesta. "A duras penas me da para sobrevivir"

—"Entonces, ¿por qué te has resignado a aceptar ese pago por tus servicios? ¿Qué haces realizando una actividad que no te retribuye de la manera que lo deseas?"

Muchas personas argüirán que ellos no tienen ningún control sobre el precio que el mercado ha asignado como pago por una hora de su tiempo. Quiero repetir que tú tienes más control del que crees tener al respecto.

Para determinar cuanto debería valer una hora de tu tiempo quiero pedirte que realices el siguiente ejercicio. Empieza determinando cuanto dinero desearías estar ganando.

Para asegurarte que eliges una cifra que exija un mayor esfuerzo de ti, quiero que tomes las entradas de tu año más productivo e incrementes esa cifra en un 50%. En otras palabras, si en tu mejor año tus entradas fueron de 40 mil dólares, entonces fija tu meta para los próximos doce meses en 60 mil dólares.

El siguiente paso es determinar exactamente qué cantidad o volumen de ventas, de tu respectivo producto o servicio, tendrás que generar para producir dicha cantidad. Si tus ingresos (entre salario básico, comisiones y bonificaciones) equivalen a un 20% del volumen total de ventas que realizas, quiere decir que para ganar 60 mil dólares anuales, tendrás que generar un total de 300 mil dólares en ventas.

Con solo hacer esto has creado una meta de ventas específica a la cual apuntar.

Antes de apresurarte a decir que no estás en el campo de las ventas, ni trabajas por comisión, acuérdate que el primer secreto del éxito es entender que todos somos vendedores. Médicos, profesores, vendedores de seguros o mecánicos, todos intercambian su trabajo, experiencia y conocimiento por su equivalente en dinero y, como vimos al comienzo del capítulo anterior, ese es el proceso de las ventas.

A continuación, toma los ingresos anuales que deseas recibir y el volumen de ventas que deberás generar, y dividirlo entre el número de meses y semanas que trabajas durante el año. De esta manera podrás determinar cuáles deben ser tus metas financieras mensuales y semanales.

En nuestro ejemplo, los 60 mil dólares que deseas ganar, equivalen a cinco mil dólares mensuales y a 1.200 dólares semanales. Si trabajas ocho horas diarias, esto quiere decir que una hora de tu trabajo tiene un valor de treinta dólares.

Lo importante de entender es que este valor de $30 la hora es el resultado de tu decisión personal sobre los ingresos anuales que quieres generar. No lo has escogido de manera arbitraria, sino basado en tus circunstancias y expectativas propias. Ahora sabes cuál es tu meta de ingresos, cuánto debes vender y cuánto vale una hora de tu tiempo.

¿Qué puedes hacer con esta información? El sólo hecho de saber cuanto vale una hora de tu tiempo, basado en las metas financieras que deseas alcanzar, te permitirá valorar mejor tu tiempo, y te ayudará a tomar decisiones mucho más acertadas en cuanto a cómo invertirlo.

Desde este preciso momento, mientras estés en tu trabajo, rehúsate a hacer cualquier cosa que no creas que pague 30 dólares por hora. Identifica, en tu trabajo o en tu negocio, aquellas actividades que de verdad afectan tu productividad y que son las que de ser ejecutadas debidamente podrán aumentar tus ingresos.

Si te concentras en llevar a cabo durante tu día de trabajo únicamente estas actividades que, por su importancia, tú mismo has determinado que pagan 30 dólares la hora, y lo haces ocho horas diarias, cinco días a la semana, cincuenta semanas al año, muy seguramente podrás devengar 60 mil dólares al final de los próximos doce meses.

Así que tu tarea en los próximos minutos es determinar cuánto valdrá una hora de tu tiempo, de acuerdo con tus objetivos y metas personales. Posteriormente, determina que actividades en tu trabajo o profesión te garantizarán dichas entradas y toma la decisión de concentrarte en ellas. Identifica también que actividades realizas actualmente en tu trabajo que no pagan dicha cantidad y que posiblemente te están robando tu tiempo y elimínalas de tu rutina diaria.

Recuerda que el solo hecho de saber cuanto vale una hora de tu tiempo, te permitirá tomar mejores decisiones acerca de cómo invertirlo. Después de todo, lo único con lo que verdaderamente cuentas para ofrecer, es tu tiempo, así que utilízalo sabiamente. Recuerda, tú tienes el control.

Aprendiendo los principios del éxito en las ventas

Tercer secreto:

Aprender es la clave del éxito en las ventas, y es una actividad que dura toda la vida. El vendedor de éxito sabe que su capacidad para alcanzar mayores logros sólo está limitada por su disposición para crecer y desarrollar sus habilidades de manera continua. Por esta razón, se asegura siempre de invertir parte de su tiempo y de su dinero en su crecimiento y desarrollo personal y profesional.

Cuando José leyó este principio, se sintió muy satisfecho de saber que aquello a lo cual él había prestado tanta atención —su crecimiento y el aprendizaje de las claves del éxito en las ventas—, y a lo que tanto tiempo había dedicado en la plaza del mercado, era uno de los principios más importantes del éxito.

Desde pequeño, su padre había infundido en él un profundo amor por aprender. "Mientras que la persona de éxito busca siempre aprender más y más, la persona promedio continúa tratando de descifrar cuál podrá ser el secreto del éxito", le había dicho. "Si deseas ser un gran vendedor deberás invertir parte de tu tiempo en aprender, entender y poner en práctica todos aquellos hábitos que caracterizan a la persona de éxito".

Esto lo había inspirado a ir semana tras semana a observar a aquellos vendedores excelentes y tomar notas sobre lo que los diferenciaba del resto de los comerciantes. "El éxito siempre deja huellas José. Todo lo que tienes que hacer es estar dispuesto a buscar y reconocer lo que ha hecho *grandes a otras personas. Recuerda que si otros han logrado lo que tú buscas, quiere decir que tú también puedes lograrlo".*

Ciertamente, su padre había sido un gran estudiante del éxito. En cierta ocasión, José le había preguntado que lo motivaba a continuar aprendiendo, aún después de todos los logros que había alcanzado. Su respuesta fue una de esas enseñanzas que el joven siempre guardó en su corazón: "Hijo, lo más probable es que en este preciso momento, yo haya llegado lo más lejos posible con el conocimiento con que ahora cuento. Si deseo ir aún más lejos de donde ahora estoy, sólo lo podré lograr, obteniendo y asimilando nuevos conocimientos". Desde ese momento, él había tomado la firme decisión de ser un estudiante asiduo del éxito, y nunca dejar de aprender mientras viviera.

❦

❦ Las personas de éxito saben que aprender es una actividad que dura toda la vida. Ellas han entendido que el aprendizaje continuo es la clave del éxito en cualquier área. Por su parte, la persona promedio crece creyendo que hay una época para aprender y otra para practicar lo aprendido. Por esta razón, mientras el triunfador toma la firme decisión de ser estudiante asiduo de su profesión y de su éxito, la persona común y corriente deja de aprender en algún momento por considerarlo un gasto innecesario de su tiempo y su dinero.

Uno de los principios más importantes del éxito es reconocer que nuestra capacidad para alcanzar mayores logros sólo está limitada por nuestra capacidad para crecer, aprender y desarrollar nuestras habilidades. Si deseamos ganar más, tendremos que aprender más. Al respecto, Benjamín Franklin solía decir: "vacía tu bolsillo en tu cerebro, y tu cerebro se encargará de llenar tu bolsillo".

Él entendía la gran importancia de invertir en nuestra propia educación y capacitación. Los triunfadores saben que no hay ninguna inversión que proporcione una mayor retribución por su dinero que volver a invertir una parte de su tiempo y su dinero en el crecimiento y desarrollo personal y profesional.

¿Qué significa esto para ti que deseas triunfar en el campo de las ventas? Significa que debes tomar la decisión de ser el mejor en tu campo. Proponte estar entre el 20% de las personas más exitosas en tu área de trabajo, sea cual sea.

J. Paul Getty, el famoso multimillonario petrolero, afirmaba: "Pese a que aproximadamente un 80% de las riquezas del mundo se encuentran en manos de un 20% de las personas, si juntásemos todas esas riquezas y las repartiésemos de manera igual entre cada uno de los habitantes del planeta, en cinco años tales riquezas estarían en las manos del mismo 20% inicial".

Él sabía que mientras algunas personas estudian el éxito, aprenden a crear oportunidades y desarrollan hábitos que les permiten triunfar en su campo, otras poseen una mentalidad de pobreza y escasez que no les permite ver o cultivar su verdadero potencial. Y la actitud de cada una de ellas es la que atrae hacia si la riqueza o la pobreza.

De esto precisamente es de lo que trata este tercer secreto, de desarrollar los talentos y habilidades naturales que ya poseemos y aprender las destrezas que nos permitan relacionarnos positivamente con nuestros clientes. Esa es la clave del éxito en las ventas.

De hecho, la Universidad de Harvard dirigió un estudio en el cual encontró que de todas las razones por las cuales una persona triunfa y sale adelante personal y profesionalmente, sólo un 15% tiene que ver con sus habilidades profesionales y sus conocimientos técnicos. El 85% restante tiene que ver con su actitud, su nivel de motivación y su capacidad para desarrollar relaciones positivas con las demás personas.

No es que el conocimiento de nuestro producto o mercado carezca de valor. El 15% de nuestro éxito está directamente relacionado con él. No obstante, debemos prestar mayor atención al dominio de aquellos aspectos que nos permitirán crear y mantener un estado mental óptimo, comunicar mejor nuestras ideas e influir en las decisiones de compra de nuestros clientes, ya que el conocimiento de estas áreas representa un 85% del éxito. Robert McMurry escribe en el *Harvard Business Review:* "La capacitación saca a relucir el potencial que hace de personas ordinarias, vendedores extraordinarios. Sin ella, inclusive aquellas personas con grandes habilidades están seriamente limitadas".

El soldado pobremente adiestrado pierde la batalla. El jugador pobremente entrenado pierde el juego. El vendedor pobremente capacitado pierde muchas ventas. En los tres casos las consecuencias son catastróficas, ya que el mercado sólo da grandes recompensas a cambio de grandes resultados. Paga recompensas promedio por un desempeño

promedio y recompensas más bajas, fracasos y frustraciones por desempeños mediocres. Así que nuestro trabajo es
convertirnos en estudiantes asiduos del éxito.

¿Cómo hacerlo? Podemos desarrollar un sistema de
capacitación y aprendizaje que incluya libros, audiolibros
y seminarios de crecimiento personal y profesional. La
persona que no está dispuesta a invertir en sí misma, está
negociando el precio del éxito, y éste no es negociable.
Debemos estar dispuestos a pagar el precio, en términos
de lo que necesitamos leer, escuchar, aprender y asimilar.

Andy Grove, fundador de Intel y uno de los empresarios
más exitosos del mundo suele decir que en un mercado
tan competitivo como el de hoy, sólo los paranoicos so-
brevivirán. ¿Quiénes son los paranoicos? Los que no creen
saberlo todo, los que siempre están buscando aprender más,
aquellos para quienes su desarrollo y crecimiento personal
nunca termina.

Entre las personas de éxito no existe el *Statu Quo;* no
existe la idea de simplemente mantener las cosas como están. La persona que no está creciendo, que no está al tanto
de los nuevos avances en su profesión, o la empresa que no
está siempre a la vanguardia de cada nuevo descubrimiento
en su campo, está retrocediendo.

Mi buen amigo Brian Tracy, uno de los más reconocidos
escritores y conferencistas en el área de las ventas, sugiere
invertir por lo menos un 3% de nuestros ingresos en nuestro
desarrollo personal y profesional.

He aquí tres claves que te ayudarán a convertirte en un
gran estudiante del éxito:

1. Lee de 30 a 60 minutos diarios. Lee libros que te ayuden a desarrollar el potencial que reside dentro de ti; libros que te permitan desarrollar las habilidades que necesitas para triunfar y te ayuden a avanzar en tu campo de interés profesional.

Leer es para la mente lo que el ejercicio es para el cuerpo. La lectura te puede ayudar a superar las debilidades que creas tener y a convertirlas en fortalezas. Norman Vincent Peale, uno de los escritores motivacionales más respetados y exitosos de todos los tiempos, afirmaba que en una época de su vida él sufría del peor complejo de inferioridad imaginable. Cuenta como a través de la lectura finalmente aprendió cómo lidiar con él.

Recuerda cómo, después de un incidente en la escuela, en el cual el temor exagerado de hablar en público, le había hecho parecer como un idiota frente a sus compañeros de clase, se propuso que ese miedo no continuaría controlando su vida. Peale cuenta que comenzó a leer los *Ensayos* de Ralph Waldo Emerson, las *Meditaciones* de Marco Aurelio y otros grandes libros en los cuales descubrió que con los poderes que residían en la mente humana todos los problemas podían solucionarse.

De esa manera logró superar sus limitaciones y pronto comenzó a desarrollar su propia filosofía, la cual compartió en público con millones de personas de todo el mundo y la plasmó en su gran libro, *El poder del pensamiento positivo*. Este es un gran ejemplo de lo que la lectura puede hacer por nosotros.

¿Sabías que el solo hecho de leer una hora al día te puede convertir en experto en tu campo en tres años, y en un experto internacional en tan solo siete años? Una hora diaria de lectura significa leer un libro entero en dos semanas. ¡Eso equivale a 25 libros al año!

En un mundo donde la persona promedio lee menos de un libro al año, leer 25 libros que te ayuden a mejorar en tu profesión, a administrar mejor tu tiempo, o aumentar tu productividad, te convertirá en una de las personas más competentes y mejor pagadas en tu profesión.

2. Desarrolla el hábito de escuchar programas en audio mientras realizas otras actividades. Mientras te preparas para salir en la mañana, cuando te encuentres haciendo ejercicio, o conduciendo tu automóvil, puedes estar escuchando un audiolibro que te ayude a desarrollar cualquier área de tu personalidad. De acuerdo con Zig Ziglar, escuchar programas de desarrollo personal y profesional en tu automóvil es el mejor descubrimiento en el campo de la educación, desde la invención de la imprenta.

La persona que maneja su automóvil a su trabajo, emplea un promedio de quinientas a mil horas al año detrás del volante. Eso equivale aproximadamente a uno o dos semestres de estudio universitario, que tú puedes realizar mientras viajas en tu automóvil. Así que convierte tu automóvil en una máquina de aprendizaje, una universidad sobre ruedas. Nunca permitas que tu vehículo se mueva sin que esté sonando un audiolibro que te ayude y que te esté dejando alguna enseñanza.

Imagínate poder tener a tu disposición un programa que ha sido el resultado de cinco o diez años de investigación y trabajo por parte de su autor. Ahora, imagínate poder añadir toda esta información y experiencia a tu conocimiento en

tan sólo unos días. Eso es lo que logras al escuchar un audiolibro. Tomas tiempo que de otra manera suele ser poco
productivo, y lo utilizas en una actividad que puede triplicar
tu conocimiento en cierta área, lo cual te permite adquirir
sabiduría de la experiencia de otras personas. Muchos de
los grandes triunfadores que he tenido la oportunidad de
conocer, utilizan el audiolibro como una de las herramientas
más valiosas en su camino hacia el éxito.

**3. Asiste a todos los cursos y seminarios de capacita-
ción que puedas.** Estos eventos cumplen varias funciones:
Te ponen al tanto de los últimos avances en tu campo de
acción; te permiten descubrir temas que generalmente no
son tratados en otras instituciones educativas; te dan la
oportunidad de asociarte con otras personas que, como
tú, también están interesadas en su desarrollo personal, y
te ayudan a crear y mantener una actitud positiva y un alto
nivel de motivación.

¿Qué tan importantes son estos seminarios, talleres y
cursos de capacitación para tu desarrollo personal y profesional? Quizás las decisiones de algunas de las compañías
más grandes del mundo te den una mejor idea.

Hace más de cuarenta años McDonald's creó su Universidad de la Hamburguesa: un centro mundial de capacitación para los empleados de la compañía y los dueños
de franquicias. Cada año más de cinco mil personas pasan
por sus salones de clase, donde tienen acceso a un currículo
enseñado en 22 idiomas diferentes, que cubren todas las
áreas que tienen incidencia directa en su éxito profesional y
empresarial. Otras compañías, como IBM y AT&T, también
tienen sus escuelas de negocios.

La compañía Walmart, con más de un millón y medio de empleados a nivel mundial, cuenta con una gran diversidad de talleres y seminarios de capacitación para sus empleados; cursos en áreas como las ventas, la comunicación efectiva, el servicio al cliente y el liderazgo.

El Instituto Disney, tuvo tanto éxito con los programas de liderazgo y desarrollo profesional que impartía a sus asociados, que ahora, centenares de empresas asisten a sus diferentes centros a tomar todo tipo de cursos en áreas como la atención al cliente, el liderazgo y el trabajo en equipo.

Si éstas y muchas otras empresas están dispuestas a invertir miles de millones de dólares al año en ayudar a sus fuerzas laborales a desarrollar su verdadero potencial y establecer una ventaja competitiva sobre el resto del mercado, ¿qué estás haciendo tú que te diferencie de tu competencia?

Estas tres actividades: leer libros y revistas en tu campo de acción, escuchar audiolibros que contribuyan a tu crecimiento personal, y asistir a seminarios de actualización profesional, deben convertirse en hábitos para todas aquellas personas que están genuinamente interesadas en triunfar en el campo de la venta profesional.

Las dos etapas del proceso de las ventas

Cuarto secreto:

El proceso de la venta consta de dos etapas. La primera consiste en establecer la conexión con nuestros clientes, de manera que ellos sepan que nosotros somos la persona más indicada con la cual ellos pueden realizar sus negocios. Una vez hayamos logrado esto, podemos pasar a la segunda etapa, que consiste en la presentación y venta de nuestro producto o servicio.

¿Qué hacía que ciertos comerciantes lograran vender todas sus mercancías, mientras otros tenían que regresarse a casa sin haber podido vender la mitad de sus productos? Al joven aspirante a vendedor no sólo le interesaba saber qué distanciaba al vendedor exitoso del vendedor común y corriente, sino cuál era la diferencia entre el vendedor excelente y el extraordinario. En cierta ocasión decidió emplear toda una mañana observando a dos mercaderes que ofrecían esencialmente los mismos productos, y cuyas tiendas se encontraban una al lado de la otra.

Después de unos momentos de observar y escuchar a los dos hombres, José determinó que los dos conocían a fondo las características de su producto. Tanto el uno como el otro parecían saber al dedillo cuáles eran sus beneficios. Y a pesar de que ambos presentaban sus argumentos con convicción, era evidente que uno de ellos tenía mayor facilidad para persuadir a aquellos compradores que se acercaban a su tienda.

Intrigado por esto, José decidió prestar mayor atención, no a los argumentos de los vendedores, *sino a la manera como se relacionaban las personas con cada uno de estos comerciantes desde un comienzo. Eso le permitió al joven descubrir claras diferencias entre los dos mercaderes. Mientras uno de ellos —el que menos suerte parecía tener con los clientes— los abordaba apresuradamente presentándoles los atributos, beneficios y ventajas de su producto, el otro parecía más interesado en conocer a la persona, entablar una conversación casual con ella, y escuchar qué era específicamente lo que buscaba.*

Hacia el final de la jornada, y después de observar cómo, uno tras otro, la gran mayoría de compradores terminaba comprando en la tienda del segundo comerciante, José pudo confirmar la gran sabiduría encerrada en este cuarto secreto. El vendedor de éxito sabe que el primer paso en la venta debe ser el ganarse la confianza de sus clientes, de manera que ellos sepan que pueden estar seguros negociando con él.

⸻

El vendedor estelar triunfa gracias a que ha logrado ganar la confianza de sus clientes. Él sabe que el secreto de una vida exitosa en el campo de las ventas está en desarrollar una buena comunicación con los clientes, y establecer una relación que vaya más allá de una sola venta.

¿Qué podemos hacer para desarrollar esa atmósfera de confianza que nos permita contar con clientes asiduos y desarrollar una relación de negocios que perdure?

Lo primero es entender que, sin importar el grado de profesionalismo que poseas como vendedor, tu personalidad afecta profundamente la relación con tus clientes. Tu personalidad, confianza y carisma influyen en la decisión del cliente de hacer o no, negocios contigo.

En general, siempre preferiremos hacer negocios con aquellas personas con quienes nos sentimos a gusto; con quienes nos hemos compenetrado y hemos logrado desarrollar una buena relación. Cuando establecemos esta conexión con nuestros clientes creamos una sensación de confianza, y es sabido que la gente generalmente opta por hacer negocios con aquellas personas en quienes confía. Si tus habilidades para establecer este vínculo con las demás personas son limitadas, seguramente la gente te evitará. De hecho, éste es uno de los factores que con mayor frecuencia diferencian al vendedor promedio del vendedor estelar.

❧ Cuando nos encontramos frente a nuestros clientes, uno de nuestros objetivos primordiales es lograr que ellos se sientan a gusto con nosotros, y que no duden en brindarnos su confianza. ❧

Esta es la primera parte del proceso de las ventas: ofrecer nuestros servicios personales; lograr establecer una conexión de mayor cercanía con nuestros clientes, y crear una atmósfera que les dé la confianza de saber que nosotros somos la persona más indicada con la cual ellos pueden realizar su compra. Este paso determina que tan lejos podemos llegar en nuestra relación con el cliente. Si logramos hacerlo bien, la segunda etapa, que consiste en la presentación y venta de nuestro producto o servicio, será mucho más fácil.

Como es de suponer, la duración de la primera fase es un tanto impredecible. El establecer esta confianza puede tomar unos segundos, minutos, horas, días o meses. En ocasiones esta conexión parece ocurrir de manera inmediata —el equivalente de lo que conocemos como amor a primera vista—, mientras que otras veces puede prolongarse durante largo tiempo. Y a pesar de que no queremos que se prolongue más de lo necesario, tampoco podemos pretender que siempre ocurra de manera instantánea, ni podemos ignorar su importancia.

En varias ocasiones he tenido la oportunidad de observar vendedores que, o ignoran por completo, o no tienen idea de la existencia de esta primera etapa de la venta. Escasamente saludan al cliente y a los pocos segundos se les puede oír diciendo algo así como: "Bueno, vamos al grano. A lo que vinimos. Vamos a hablar de negocios". Y mientras este vendedor ya está listo para tomar la orden de pedido, su cliente potencial aún está tratando de decidir si confía en él lo suficiente como para decirle su nombre, o para empezar una relación comercial con él.

Indudablemente, habrá personas con las que vas a poder conectarte instantáneamente pero hay otras con quienes esto no va a ocurrir. Imagínate qué hubiera sucedido si cinco segundos después de haber conocido a quien hoy es tu pareja le hubieras preguntado: "Bueno, a lo que vinimos. Vamos al grano. ¿Te quieres casar conmigo? ¿Sí o no?" Pues seguramente que ella habría dado media vuelta y se hubiera marchado inmediatamente.

Esa es la manera en que muchos clientes potenciales responden ante la impaciencia de aquellos vendedores que no están dispuestos a invertir un poco de tiempo en crear esa atmósfera de confianza que les facilite tomar la decisión de comprar.

Así que lo importante no es cuanto tiempo tome este primer paso del proceso, lo importante de entender es que si logras vender tus servicios de manera exitosa, no sólo la venta del producto será mucho más fácil de realizar, sino que es posible que hayas conseguido un cliente de por vida. De otro lado, si no logras esa primera venta; si no logras crear esa conexión, esa cercanía con tu cliente, no importa que tan bien conozcas tu producto o servicio, la venta será extremadamente difícil.

Una y otra vez escucho historias de personas que han cosechado grandes éxitos en el campo de las ventas, sobre clientes con quienes les tomó meses y hasta años crear una relación de confianza, antes de que pudieran realizar esa primera venta. Y hoy, son clientes leales, con quienes han trabajado por muchos años, todo como resultado de haber entendido que hay cosas que simplemente no se pueden apurar.

¿Cómo llegar a la mente de tu cliente?

¿Qué puedes hacer para asegurarte que tu mensaje es escuchado por el cliente con una mente abierta y receptiva?

La relación con tu cliente en general, y tu presentación de ventas en particular, deben semejarse a una calle de dos vías. La información fluye mutuamente entre tú y tu cliente. Los dos escuchan y asimilan lo que la otra persona ha dicho, lo evalúan, lo asocian o comparan con información ya conocida y después dan una respuesta.

Puesto que este proceso de asimilación, evaluación y asociación ocurre en nuestra mente, el comunicarnos con nuestros clientes, o con cualquier persona, requiere que nuestras ideas logren llegar a la mente de quien nos escucha.

Para asegurarnos que la presentación de nuestro negocio o producto llegará a la mente de nuestro cliente potencial; que será analizada racionalmente y recibirá su aprobación, debemos tener en cuenta que antes que dicha información llegue a la parte racional del cerebro —al centro de toma de decisiones del cerebro— ésta debe pasar a través de una puerta, de un puente, conocido como *cerebro primario*.

Este cerebro primario es la parte instintiva, la parte intuitiva del cerebro. Su función es alertarnos acerca de todo aquello que pueda representar un peligro para nosotros. Ante cualquier tipo de información o estímulo que recibe del mundo exterior, su función es decidir si esta información —o la fuente de la cual proviene— representa algún peligro o es digna de confianza.

Cuando hablas con otra persona, particularmente con alguien que acabas de conocer, como es el caso de estar compartiendo una oportunidad de negocio o realizando una presentación de ventas, el interés principal del cerebro primario de tu interlocutor no se centra necesariamente en tu mensaje, sino en determinar si eres alguien en quien se puede confiar o si, por el contrario, constituyes algún peligro. Durante esos primeros instantes, su mayor preocupación es decidir si eres amigo o enemigo; si inspiras confianza o desconfianza, seguridad o inseguridad.

Nuestro cerebro primario es un guardián muy precavido, muy celoso al momento de decidir qué información acepta y cuál no. Pero esta decisión no la toma evaluando dicha información, sino juzgando la fuente de la cual proviene. Si al escuchar una presentación de negocios percibes cierta incomodidad interna, experimentas cautela excesiva o sientes que estás con la guardia en alto, muy seguramente es tu cerebro primario indicándote que algo le incomoda.

Si eres tú quien estás ofreciendo tu producto o negocio, lo primero que el cerebro de quien te escucha estará buscando decidir es si inspiras confianza o desconfianza. Basado en lo que determine, facilitará o negará el acceso de tus ideas al centro de toma de decisiones del cerebro, para ser analizadas.

Siempre que enviemos un mensaje, transmitamos una idea, compartamos una oportunidad de negocio o comuniquemos cualquier cosa a otra persona, debemos preguntarnos: ¿Llegará nuestro mensaje a su destino o será rechazado por el *guardián mental* de nuestro interlocutor?

Antes de preocuparte por lo que decidirá tu interlocutor sobre tu presentación, o cuál será su respuesta a tu propuesta o qué opinará sobre tu ofrecimiento, debes asegurarte que logras el permiso de su cerebro primario, no con la lógica de tu mensaje, sino con la confianza, el entusiasmo y la armonía que inspires; con la calidez de tu voz, la tranquilidad de tu postura y la sinceridad de tu sonrisa —todos esos aspectos no verbales de la comunicación que dicen mucho más que las palabras, y que constituyen el lenguaje que entiende el cerebro primario—.

Cuando menciono la importancia de estos aspectos a profesionales en el campo de las ventas, con frecuencia escucho algunos de ellos que me dicen: "¿qué puedo hacer si esa no es mi personalidad?", "yo no soy extrovertido", "mi problema es que me suelo poner muy nerviosa cuando hablo", "no tengo esa capacidad de convencimiento", o simplemente "es que yo no sirvo para hablar en público".

Antes de utilizar cualquiera de estas excusas, entiende que si quieres triunfar en cualquier profesión, si deseas tener mejores relaciones con otras personas, si buscas ser más persuasivo y quieres lograr que los demás sean más receptivos a tus ideas, debes aprender cómo lograr que tus ideas lleguen a quien te escucha.

El verdadero poder de los grandes vendedores es lograr que otras personas vean que es posible confiar en ellos, en sus ideas y en su producto. El vendedor exitoso es, sobre todo, un gran comunicador. Y no se trata simplemente de aprender a hablar en público, o de evitar ponernos nerviosos cuando estamos hablando frente a un grupo de personas. Se trata de poder crear confianza en nuestros oyentes, de manera que nuestras ideas sean escuchadas y aceptadas, y tengan la posibilidad de influir en las decisiones de otros. ¡Eso es todo!

Los vendedores estelares no se limitan a tratar de persuadir a la parte intelectual y racional del cerebro de su cliente. Ellos saben que la parte emocional e instintiva del cerebro juega un papel igualmente importante en la toma de decisiones. Por esta razón, siempre prestan atención a esas otras señales que constituyen el lenguaje sin palabras: los gestos, la postura, el tono de voz, el contacto visual, los movimientos y cualquier otro tipo de comunicación no verbal.

Recuerda que las personas sólo creen en quienes pueden confiar y sólo confían en quienes pueden creer. Y para desarrollar esta confianza necesitarán interactuar contigo durante algún tiempo. Querrán observar y analizar tu comportamiento; evaluar si tu voz proyecta seguridad o no, si denota autoridad; si tus manos se mueven nerviosamente, si tu mirada es evasiva o vacilante o, por el contrario, transmite seguridad y firmeza.

¿No te ha sucedido alguna vez que puedes ver o escuchar a ciertas personas e inmediatamente sientes que puedes confiar en ellas, pero no sabes exactamente por qué? Lo llamamos intuición; nos referimos a esta habilidad para apreciar si una persona es sincera o no, como a un *sexto sentido*. Sin embargo, lo único que ha sucedido es que esta persona ha inspirado en nosotros la confianza que nuestro cerebro primario necesita percibir para abrir de par en par las puertas de nuestra mente.

La relación y el trato con nuestros clientes

Quinto secreto:

La regla de oro en las ventas no es tratar a los demás como nosotros deseamos ser tratados, sino como ellos desean ser tratados. Cada ser humano procesa la información de manera diferente, toma decisiones y responde a lo que escucha de forma distinta. El vendedor exitoso busca siempre personalizar el trato que da a sus clientes y armonizar su estilo de comunicación con el de ellos.

D espués de leer este quinto secreto, José pensó en el peculiar reto que presentaba este principio. Él también había escuchado de labios de su padre la famosa regla de oro de "tratar a los demás como nosotros queremos ser tratados". No obstante, tratar a los clientes como ellos desean ser tratados, presenta un desafío especial: tomar el tiempo para descubrir cómo es que cada cliente prefiere ser tratado. ¿Son efusivos o reservados? ¿Hablan mucho o prefieren ir directo al grano? ¿Les gusta que los traten con familiaridad y confianza o prefieren una relación de negocios formal y más distante?

Después de mucho observar las diferentes personalidades y temperamentos que caracterizaban a compradores y vendedores, era claro que una de las responsabilidades más importantes de quien quisiera triunfar en el campo de las ventas consistía en desarrollar la habilidad de interactuar con cada individuo de tal forma que no chocara con su personalidad y manera de ser.

En más de una ocasión, había sido testigo de las graves consecuencias de asumir que todo el mundo *desea comunicarse e interactuar de la misma manera que nosotros queremos hacerlo. Muchos de los vendedores que mostraban excesiva confianza con algunos de los compradores que se acercaban a sus mesas, veían como éstos, prontamente proseguían su camino, considerando este exceso de familiaridad una insolencia con ellos. Rápidamente, el joven aprendiz de vendedor escribió la nueva regla de oro: "tratar a las personas como ellas desean ser tratadas".*

⊸⫘⊷

En el capítulo anterior mencioné que nuestra personalidad juega un papel trascendental en la relación con nuestros clientes. Vimos la importancia de saber manejar ciertos aspectos de nuestra personalidad y estilo comunicativo para crear una atmósfera de confianza que facilite la toma de decisiones por parte de nuestros clientes.

Es importante entender que el tratar de armonizar con tu cliente no significa que debas cambiar tu personalidad, o convertirte en alguien distinto a quien en realidad eres. Lo único que esto significa es que si deseas establecer una atmósfera que facilite la venta, debes ser sensitivo al estilo de comunicación preferido por tus clientes, y buscar comunicarte con ellos de la manera en que se sientan más a gusto. Esto te permitirá alcanzar un nivel más elevado de conexión con ellos, con mayor rapidez.

Por ejemplo, si eres una persona extrovertida, alegre y abierta, te gusta hablar en voz alta y no encuentras ningún problema en poner el brazo sobre el hombro de tu cliente, seguramente encontrarás grandes ventajas al interactuar con clientes cuya personalidad sea igualmente abierta y extrovertida. No obstante, es muy probable que este estilo no encaje muy bien con una persona tímida, reservada, de voz baja y pocas palabras.

En tal caso, debemos buscar un punto medio que nos permita mantener una gran actitud, siendo sensibles a la manera de ser de nuestros clientes, pero sin crear inhibiciones en nuestra propia personalidad.

Entonces, tu primer objetivo —y la verdad es que no cuentas con mucho tiempo para lograrlo— es determinar cuál es estilo de comunicación que tu cliente prefiere.

¿Es tu cliente el tipo de persona a quien le gusta hablar de todo un poco antes de entrar de lleno a hablar de negocios? Pretender "ir al grano", puede parecer rudo y agresivo. Muchas personas se pueden incomodar si se ven obligadas a hablar de negocios, productos, órdenes o pedidos desde el primer minuto. Recuerdo el comentario del jefe del departamento de compras de una universidad, quien decía que un vendedor que no era capaz de sentarse y hablar de otras cosas antes de entrar en el tema de los negocios, era una persona que seguramente estaba ocultando algo, y con la cual era mejor no negociar.

O por el contrario, es posible que tu cliente sea el tipo de persona que prefiera ser directo, y considera una pérdida de tiempo las conversaciones no relacionadas con el negocio. Quizás su tiempo es muy limitado, o prefiere no hablar de su vida personal. Si tu cliente desea ir al grano y tú tomas más tiempo del que él considera necesario, seguramente resentirá tu falta de consideración, lo cual, obviamente influirá en su decisión de realizar cualquier tipo de negocios contigo.

Entonces, tu verdadero objetivo es identificar el estilo que tu cliente prefiere, y en la medida de lo posible, tratarlo como él desea. Esto te traerá grandes dividendos a largo plazo.

¿Estás escuchando a tus clientes?

Debemos aprender a escuchar con atención lo que nuestros clientes dicen. Si mejoramos nuestra habilidad para escuchar, mejorará nuestra efectividad, nuestra relación con los demás y nuestra productividad personal y profesional.

Fuera de respirar, la actividad en la cual el ser humano emplea una mayor cantidad de tiempo es en escuchar. La persona promedio emplea aproximadamente un 45% del día escuchando, 30% hablando, 16% leyendo, y 9% escribiendo. A pesar de esto, son muy pocas las personas que han sido entrenadas en el arte de escuchar mejor.

Curiosamente, aquellas actividades en las cuales empleamos una menor cantidad de tiempo —leer y escribir— son las mismas en las cuales hemos recibido mayor entrenamiento en la escuela, mientras que en aquellas en las cuales empleamos la mayor parte de nuestro día –hablar y escuchar— raramente hemos sido instruidos.

El doctor Karl Rogers asevera que la pobre comunicación es el resultado de nuestra incapacidad para escuchar con efectividad. Escuchar con atención es una de las características comunes a todo vendedor de éxito. Quien no sea capaz de escuchar, no será capaz de vender. La venta consiste en hacer preguntas que nos permitan enterarnos de las necesidades, inquietudes y objetivos del comprador, y escuchar atentamente para poder asistirle de la mejor manera posible.

Una vez formulemos una pregunta a nuestro cliente, dediquemos un cien por ciento de nuestra concentración en escuchar lo que él o ella esté diciendo, no sólo con sus labios, sino con el tono de su voz y su lenguaje corporal.

Me gusta utilizar el ejemplo del *Full Contact Karate*, para ilustrar la manera como se comportan muchos vendedores. Para quien nunca ha visto este deporte, déjenme decirles que es uno de los más competitivos en las artes marciales. Es muy similar al boxeo, con la diferencia de que los contrincantes pueden no sólo pegar con el puño, sino también con el pie.

Durante cada *round*, cada karateca debe lanzar y pegar un mínimo de ocho patadas, de lo contrario perderá un punto en ese round. El karateca profesional y experimentado sabe que cuenta con todo el round para hacerlo, e incluye esas ocho patadas como parte de su estrategia de ataque.

El karateca principiante e inexperto se comporta de manera distinta. Tan pronto suena la campana, sale a conectar las ocho patadas a como de lugar. Él quiere asegurarse de cumplir con este requisito primero que todo y luego si relajarse y comenzar con su estrategia de ataque.

El problema es que muchos de ellos están tan ansiosos y concentrados en esas ocho patadas iniciales, que no sólo nunca tienen la oportunidad de poner su estrategia en acción, sino que no prestan suficiente atención al plan de ataque de su adversario y terminan siendo derrotados rápidamente.

Muchos vendedores actúan de la misma manera. Una vez que tienen al cliente en la mira, salen tras él como aquel karateca inexperto, armados con las mismas cuatro preguntas de siempre y con un plan rígido e inflexible, como si todos los clientes fuesen iguales. Una vez que se encuentran a la distancia apropiada, lanzan sus preguntas como quien llena un cuestionario, y pocas veces escuchan lo que el cliente tiene que decir. Como resultado de esta actitud pierden un gran número de ventas, ya que cuando el cerebro primario del cliente percibe esta actitud envía rápidamente una señal de alerta que dice: "¡Peligro! Este vendedor no está realmente interesado en mi o en mis necesidades".

La comunicación en las ventas debe ser una avenida de dos vías. Es tan importante saber comunicar tus ideas como saber escuchar. Es más, me atrevo a asegurar que se han perdido más ventas por no saber escuchar que por no saber hablar. Recuerda el viejo adagio que dice que: "Hemos sido dotados de dos orejas y una boca, con el propósito de que escuchemos el doble de lo que hablamos".

¿Qué mapa mental está utilizando tu cliente?

Hace un par de décadas, los descubridores de lo que hoy se conoce como la Programación Neurolingüística o PNL, encontraron que existen tres procesos o mapas mentales básicos mediante los cuales las personas perciben el mundo que los rodea: El proceso Visual, el Auditivo y el Cinestésico.

Si sabemos cuál es el mapa mental que prefiere utilizar nuestro cliente para interpretar el mundo exterior, tendremos una herramienta muy útil para saber la mejor manera de presentar las características y beneficios de nuestro negocio, producto o servicio.

Para esto es importante conocer las diferencias entre estos tres sistemas sensoriales. En términos simples podemos decir que las personas visuales ven el mundo, las auditivas lo oyen, y las cinestésicas lo sienten. A pesar de que todos utilizamos los tres patrones de pensamiento, solemos darle preferencia a uno de ellos al momento de interpretar y evaluar los diferentes estímulos e información que recibimos del mundo exterior.

Aproximadamente un 35% de las personas son predominantemente visuales. Ellas comprenden algo mucho mejor si pueden verlo.

¿Cómo puedes determinar si tu cliente piensa visualmente?

Las personas visuales transforman en imágenes todo aquello que les comuniques. Si presentas una idea en términos visuales, con palabras pintorescas y descriptivas, ellas seguramente sonreirán y les brillarán los ojos como muestra de que están comprendiendo y captando lo que estás diciendo.

Utilizan expresiones como, "me encantaría ver el producto", "esa me parece una idea brillante", "ya me lo puedo imaginar", o "ya tengo una idea clara de lo que deseo adquirir". Los términos ver, brillante, claro, e imaginar, se refieren al sentido de la vista que es el que ellos favorecen.

¿Cuál es la manera más efectiva de venderles a las personas visuales? Cuando realices una demostración, muéstrales folletos de tu producto y, si te es posible, utiliza gráficos e imágenes.

Por su parte, las personas cuyo mapa mental es fundamentalmente auditivo, constituyen aproximadamente el 25% de la población.

La persona auditiva, prefiere escuchar lo que sucede a su alrededor y diseña sus respuestas basándose en aquello que escucha. Ella presta mucha atención a la manera como las demás personas dicen las cosas, y suele utilizar expresiones como, "eso me suena bastante bien", "no emplee ese tono de voz conmigo por favor", o "hasta el momento no he escuchado nada de sustancia", "me encantaría que me contara algo más al respecto", o "me gustaría escuchar la opinión de otras personas". Todas estas palabras: contar, sonar, decir, escuchar, son indicio de que tu cliente da preferencia a su mapa mental auditivo.

¿Cómo venderles a las personas auditivas? Dales la oportunidad de escucharse a si mismas. Los auditivos más que cualquier otra persona pueden literalmente venderse ellos mismos en el producto si tú sólo les das la oportunidad. Cuando estés realizando una presentación de ventas, recuerda siempre resaltar cualquier característica auditiva del producto. Una persona auditiva que se encuentre comprando un automóvil puede tomar la decisión de hacerlo basado en la calidad del sonido del radio o lo callado del motor, más que basado en la financiación, el color, o el precio.

Finalmente, están a las personas cinestésicas, que componen el 40% de la población. Ellas actúan dejándose guiar por lo que sienten, por el tacto y las sensaciones que experimentan. Suelen hacer juicios rápidos acerca de si alguien les gusta o les disgusta, basándose en sus instintos y su intuición.

Es común que utilicen expresiones como, "permítame tocar el producto con mis propias manos", "no me siento totalmente seguro acerca de esto", "necesitamos poner los pies sobre la tierra y hablar de hechos reales", "déjame darte una mano con ese asunto", o "mi impresión al respecto es la siguiente". Las palabras tocar, sentir, tocar tierra, dar una mano, o impresión, denotan el gran efecto que las emociones y el tacto juegan en sus decisiones.

Generalmente, al momento de tomar decisiones, hacen largas pausas para poder captar totalmente sus sentimientos al respecto.

Si deseas venderle a un cinestésico debes apelar a sus sentimientos. Pregúntale como se siente con lo que has dicho, o cuáles son sus impresiones. Ofrécele muchas oportunidades de tocar y experimentar el producto. Permite que perciba su textura o su composición. Háblale acerca de estas características del producto. Si puedes demostrar lo que dices con una acción física de algún tipo, un gesto o un contacto personal, conseguirás captar mucho más rápido la atención de la persona cinestésica.

Así que aprende a identificar el modo de pensar de tu cliente o prospecto, y tu efectividad como vendedor aumentará grandemente.

6

Por qué los clientes no compran

Sexto secreto:

El vendedor que triunfa sabe cuales son las razones más comunes que impiden que las personas compren. Él entiende que su papel más importante es ayudar a sus clientes a eliminar sus propias objeciones. Su principal objetivo es crear una atmósfera de confianza donde le sea fácil al cliente tomar la decisión de comprar.

Después de observar, semana tras semana, a los cientos de comerciantes que se daban cita en el mercado para ofrecer sus productos, José pudo notar que en la mayoría de los casos en que un comprador, obviamente interesado, decidía no comprar, la razón de su negativa tenía menos que ver con el producto o el precio y mucho más con el vendedor.

Muchos vendedores simplemente no se tomaban la molestia de escuchar a sus clientes. No se interesaban en descubrir sus necesidades y parecía importarles poco las objeciones o preocupaciones que ellos pudieran tener. Algunos de ellos llegaban a la desvergüenza de no saber cómo responder ante tales objeciones. Actuaban como si hubiese una fuente inagotable de posibles clientes y sólo fuese cuestión de tiempo antes que todas sus mercancías se vendieran. Su arrogancia y terquedad ocasionaba que al final de la tarde, mucho de ellos debieran partir con gran parte de su mercadería sin haberse vendido.

Era fácil distinguir a los vendedores experimentados. Sus mesas estaban siempre llenas de com-

pradores satisfechos. Muchos eran clientes asiduos que regresaban fielmente cada semana, quizás por afecto o lealtad, o tal vez porque sentían que podían confiar en aquella persona. Y por esto, asombrosamente, llegaban incluso a pagar un precio algo mayor que lo que pudieran obtener en otras tiendas.

Cierto día, José se propuso descubrir qué los hacía especiales. ¿Cómo procedían con un cliente nuevo? Lo que observó no lo sorprendió. Ellos sabían cuáles eran las objeciones, preguntas o inquietudes más comunes que se presentaban y estaban siempre preparados a responderlas. Sin embargo, sabían escuchar con atención, y respondían con sinceridad y empatía.

Cuando regresó a casa aquella noche y compartió con su padre lo que había aprendido ese día, él confirmó la sabiduría de sus observaciones. "El vendedor de éxito no permite que las objeciones lo tomen por sorpresa. Él está siempre preparado y conoce cuales son las objeciones más usuales. De esa manera, cuando se le presente una, puede sonreír y decir, 'me alegra que haya preguntado eso'. José, si deseas ser un gran vendedor debes acostumbrarte a ver cada objeción como una señal silenciosa de que el cliente se va acercando a tomar la decisión de comprar. Un cliente sin ninguna objeción es muy probable que no esté interesado en el producto; así que bienvenidas las objeciones".

Recientemente, la revista de la Escuela de Negocios de la Universidad de Harvard, presentó los resultados de una encuesta realizada con más de un centenar de clientes corporativos dirigida a descubrir cuales eran las razones que, con mayor frecuencia, les impedían comprar.

El 30% de ellos declaró no haber comprado debido a que, desde su punto de vista, los vendedores ni siquiera se tomaron la molestia de conocer su empresa o los procedimientos de compra utilizados antes de hacer la primera visita. Otro 33% consideró que los vendedores fueron demasiado agresivos, irrespetuosos y exagerados; que desconocían su competencia y no supieron explicar adecuadamente su producto. Un 18% se rehusó a comprar debido a que el vendedor no mostró ningún interés por descubrir sus necesidades, mientras que otro 17% no lo hizo por falta de un seguimiento oportuno. Lo curioso es que menos de un 2% de estos compradores no compraron por considerar que el precio estaba demasiado alto.

Lo que esta encuesta demuestra es que en la mayoría de los casos en que el cliente potencial decide no comprar, la razón principal tiene poco que ver con el producto, el precio o los beneficios y mucho con el vendedor, su actitud, conocimiento y profesionalismo.

Cuando un cliente potencial se niega a comprar nuestro producto o servicio, a pesar de nuestra insistencia, así reforcemos una y otra vez sus beneficios, la garantía, o el buen precio, asumimos que no está interesado, nos olvidamos de él y salimos en busca de otro prospecto. Y aunque la falta de interés puede ser una de las razones que detienen a muchas personas para adquirir el producto que tú ofreces, la verdad es que no es ni la única razón, ni la más importante.

En este capítulo examinaremos en detalle algunos de los factores que afectan la decisión del cliente para comprar o no hacerlo. Es indudable que las personas compran por un sinnúmero de motivos. No obstante, el proceso que conduce a esta decisión parece ser siempre el mismo.

En un plato de la balanza ubican todos los beneficios que creen que recibirán al comprar el producto y en el otro colocan el costo o precio que deben pagar por obtenerlo. Si durante esta evaluación sienten que los beneficios y las emociones que experimentarán al adquirir el producto pesan más que el dinero que costará adquirirlo, optarán por comprarlo.

Aquellas que no compran han concluido que los beneficios que derivarán de la adquisición de dicho producto no pesan tanto como para que decidan actuar inmediatamente. Sienten que el precio es tan elevado que aún cuando la necesidad exista, sería una locura proseguir con la compra.

Es importante entender que esta evaluación es muy subjetiva, ya que lo que estamos pesando son sentimientos, emociones y niveles de necesidad que tienen un valor relativo. En tal sentido, vale la pena tener siempre presente que la gente no compra un producto; compra la promesa de disfrutar de los beneficios que surgen de la adquisición de dicho producto.

Las personas no compran basadas en lo que escuchan o en lo que ven. Ellas compran basadas en lo que ven, escuchan y creen. Esta última parte es donde la credibilidad, convicción y confianza que inspires en ellas, te separarán de tu competencia.

Quienes no compran tu producto no lo hacen por una de las siguientes razones: desconocimiento del producto, falta de dinero, falta de necesidad, la tendencia a posponer la toma de decisiones y falta de confianza. Veamos más de cerca cada una de ellas para descubrir las verdaderas razones que se ocultan tras la objeción inicial. Sólo así sabremos cómo responder a ellas y cómo ayudar a nuestros clientes a superar dichas objeciones.

1. Desconocimiento del producto

Muchos clientes no compran debido a la falta de conocimiento del producto por parte del vendedor. Tan absurdo como pueda parecer, existe un gran número de vendedores que no tienen la menor idea de lo que están vendiendo. Y como, seguramente, muchos de nosotros lo habremos experimentado en algún momento, no hay nada más desconsolador y frustrante para un cliente potencial, altamente motivado, que encontrarse con un vendedor que no conoce su producto, que no tiene la más remota idea de lo que está hablando y no se ha tomado la molestia de aprender el arte de vender.

Curiosamente, éstas son las mismas personas que no se explican por qué no han podido triunfar en el campo de las ventas. Ellas no han logrado entender que el éxito en esta profesión va en proporción directa a su disposición para capacitarse y aprender acerca de su producto, el mercado, su negocio y el proceso de las ventas. Creen que lo único que van a necesitar para triunfar es tener una personalidad amigable y contar con suerte.

Aquellos que han logrado grandes éxitos en el campo de las ventas pasaron de ser simples vendedores a convertirse en asesores del comprador. Ellos se ven a sí mismos como los encargados de orientar y aconsejar al cliente en todo lo referente a la compra que desea realizar. Si tú no conoces el producto o el servicio que estás ofreciendo, difícilmente podrás hacer que otra persona desee utilizar tus servicios como asesor —que, como vimos en el capítulo cuatro, es la primera etapa del proceso de las ventas—.

Es como si fueras al médico, y él te dijera que tiene que operarte pero que no está seguro si es del corazón, los riñones o el hígado. ¿Qué tanta confianza te inspiraría? ¿Crees tú que tu cerebro primario lo vería a él como una fuente de seguridad o como un peligro? Lo cierto es que ese médico puede tener la mejor personalidad del mundo, puede ser muy buena persona, pero lo más probable es que tú no te dejes operar de él.

Así que la primera razón por la cual muchas personas no compran es por la falta de conocimiento del vendedor. ¿Qué puedes hacer? Conviértete en un estudiante de todos los aspectos que afectan tu capacidad para vender. Eso es ser un vendedor profesional.

2. La falta de dinero

La segunda razón por la cual muchas personas no compran es quizás una de las que todos escuchamos con más frecuencia: la falta de dinero. Es muy probable que todos nosotros hayamos utilizado esta excusa alguna vez con un solo propósito: deshacernos del vendedor que estaba tratando de ofrecernos algo. Esta es una manera fácil de excusarnos de comprar. No le estás diciendo al vendedor que su producto no es bueno, ni que él no es un buen vendedor, ni que no estás interesado. Simplemente, no tienes dinero. Eso es todo.

Aunque muchas de las personas que dicen no tener el dinero para comprar, en verdad no lo tienen, lo cierto es que la mayoría de ellas lo poseen, pero no están seguras de querer gastarlo contigo en el producto que tú les ofreces. En otras palabras, no están totalmente convencidas de que tú seas la persona indicada con quien entablar una relación comercial. A lo mejor tu presentación no ha sido lo suficientemente convincente, o no están seguras de que tu producto o negocio sea lo que ellas verdaderamente están buscando.

Porque cuando uno está totalmente convencido de querer adquirir determinado producto o servicio, encuentra la manera de obtener el dinero para comprarlo. Las personas compran aquello que quieren, cuando lo desean más que el dinero que deberán pagar por ello.

Así que la próxima vez que escuches de un cliente potencial las palabras: "no tengo dinero", lo único que eso quiere decir es que aún no has terminado tu labor de venta.

3. La falta de necesidad

La tercera razón por la cual otras personas no compran es por la falta de necesidad. En cierta ocasión un vendedor se me acercó durante una presentación que realizaba sobre este tema y me dijo: "mi gran problema es que yo tengo un mercado muy reducido debido a que mi producto no es de primera necesidad".

Esta no es mas que una excusa. Las personas no sólo compran lo que necesitan; también compran aquello que quieren, aquello que desean tener, independientemente de que sea o no una necesidad apremiante. Si sólo vendiésemos aquello que las personas necesitan, se venderían muy pocas cosas.

Los vendedores exitosos son expertos en ayudar a sus clientes a ver los beneficios que su producto ofrece. No me estoy refiriendo a que tengan que forzar al cliente, ni a hacerle creer que necesita algo que en realidad no necesita, porque esto no es ético y lo único que demuestra es falta de integridad. No se trata de imponer, ni de presionar, sino de estimular al cliente.

Muchos clientes potenciales ni siquiera saben que tienen ciertas necesidades. Ellos dicen que no compran porque no necesitan el producto, pero en realidad, no compran porque no son conscientes de sus necesidades. Nadie se ha tomado la molestia de ayudarles a verlas, y ahí es donde entra el vendedor exitoso.

Antes de haber adquirido mi primera póliza de seguro de vida, si me hubieran preguntado si necesitaba un seguro de vida, o me lo hubieran ofrecido, seguramente hubiese respondido que no lo necesitaba. Después de todo, hasta ese momento no lo había necesitado, nunca había tenido uno y no me había hecho ninguna falta. Sin embargo, aquella asesora de seguros que se tomó el tiempo para educarme, a pesar de mi negativa inicial, me mostró cómo mi situación personal —con un hijo recién nacido— había cambiado. Ahora sí se hacía necesario que tuviera un seguro de vida. Si algo me sucedía, mi esposa y mi hijo quedarían totalmente desamparados. Sobra decir que en ese momento adquirí el seguro de vida. ¿La razón? Ella se tomó el tiempo para ayudarme a ver una necesidad que ni yo mismo sabía que tenía.

Así que la próxima vez que escuches: "no gracias, no lo necesito", ya sabes qué es lo que tienes que hacer.

Yo encuentro que muchos vendedores prefieren aceptar la excusa que acaban de oír porque no están genuinamente entusiasmados con su producto. No están totalmente convencidos de los beneficios que presta. No creen en él.

¿Sabes cual es mi actitud al respecto? Yo no sólo creo en mi producto y en lo que puede representar en la vida de quien lo adquiere, sino que siento que todo el mundo debería estar peleándose por tener lo que yo vendo.

Si tú no te sientes de esta misma manera acerca de tu producto, más vale que evalúes cuidadosamente por qué estás vendiendo lo que estás vendiendo. Si no estás convencido de que tu producto es lo último en el mercado, o que tu empresa presta el mejor servicio, o que tú eres el vendedor ideal con quién hacer negocios ¿Cómo puedes esperar que tu cliente se sienta de esa manera?

Es sencillo, si tú no estás convencido, tu cliente tampoco lo estará. Conozco muchos vendedores que ofrecen productos que ellos mismos podrían estar utilizando, porque también los necesitan, pero aún así no lo hacen, y prefieren adquirir los productos de la competencia. No tiene sentido.

Si tú no tienes fe y convicción en lo que ofreces, ¿cómo puedes esperar que alguien más la tenga? ¿Qué pensarías si una persona que está ofreciendo un teléfono celular Motorola saca su teléfono Nokia para hacer una llamada, o si te enteras que el presidente de la Ford maneja un Toyota, o que el dueño de la aerolínea Delta vuela por Continental? Seguramente tú pensarías: "pues si esa persona no cree en su producto lo suficiente como para utilizarlo ella misma, ¿por qué voy a creer yo?".

4. La tendencia a posponer la toma de decisiones

La cuarta razón por la cual las personas no compran es la falta de urgencia. Ésta es una de las más comunes, y una que va a poner a prueba tu habilidad como vendedor.

Una de las cosas que producen más frustración entre muchas personas que se inician en el campo de las ventas es que el cliente potencial no parece tener la misma urgencia en comprar nuestro producto que la que nosotros tenemos en vendérselo. Ellos no tienen ningún problema en tomarse su tiempo. Quieren pensarlo muy bien antes de tomar cualquier decisión porque, la verdad, no tienen ningún afán en gastar su dinero.

Nosotros, por el contrario, necesitamos cerrar la venta lo más pronto posible, porque tenemos cuotas que cumplir y metas que lograr, y porque nuestros ingresos dependen del cierre de ventas. ¿Qué podemos hacer? Lo primero es entender que por naturaleza, una gran mayoría de nosotros tiende a posponer la toma de cualquier tipo de decisión. Tiende a esperar las "condiciones ideales" antes de actuar. Temen tomar la decisión incorrecta. Permiten que los invadan las dudas sobre si la compra de dicho producto es la mejor decisión. Buscan que otros validen la decisión que están a punto de tomar, y todo este análisis excesivo termina por paralizarlos. Así que en lugar de arriesgarse a tomar la decisión equivocada prefieren no actuar.

¿Qué podemos hacer? Es aquí cuando tu convicción sobre los beneficios de tu producto y tu entusiasmo como vendedor —o mejor aún, como asesor de comprador— le ayudarán a tu cliente a tomar una decisión acertada en un lapso de tiempo adecuado.

Es importante entender que toda compra es un acto emocional. Y no me estoy refiriendo a la compra impulsiva que, generalmente, está influida por alguna táctica publicitaria o de mercadeo, una nueva moda o una rebaja. Comprar siempre es el resultado de una emoción. Si ésta es positiva, el cliente compra; de lo contrario no.

En tal sentido, la decisión de comprar no es diferente de cualquier otra decisión que tomemos. El ser humano es racional y emocional. Es posible que racionalicemos las decisiones de compra basándonos en cifras concretas y argumentos lógicos, pero al momento de comprar, lo hacemos basándonos en nuestros sentimientos.

En su libro *Blink: La inteligencia intuitiva,* Malcolm Gladwell, habla de la importancia de nuestras emociones y nuestro instinto a la hora de tomar decisiones. Gladwell cita varios estudios científicos que muestran que las personas que, debido a algún accidente o enfermedad, recibieron un daño en el área emocional del cerebro (la parte prefrontal de la corteza cerebral) son incapaces de tomar decisiones, por más sencillas que éstas puedan parecer. Racionalmente, estas personas tienen la capacidad de comprender las diferentes opciones que tienen frente a ellas, pueden identificar los puntos a favor y en contra de las diferentes opciones, pero al momento de decidir, son incapaces de hacerlo.

Aunque estos estudios citan algunos casos extremos, lo cierto es que ellos han dejado muy claro que, pese a que nos gusta creer que siempre actuamos basándonos en argumentos racionales y lógicos, hechos y cifras concretas, nuestras emociones juegan un papel determinante en el momento de tomar decisiones. La indecisión de un cliente en el momento de comprar, puede no ser señal de que no haya entendido tu presentación o las cifras y argumentes dados, sino puede ser indicación de que existe una emoción negativa que no le permite actuar.

Debemos tener esto siempre en cuenta. Recuerda que las personas compran cuando creen y confían en el vendedor, cuando el proceso de venta es transparente, y cuando sienten que la compra de dicho producto les hará sentir bien.

Imagínate que estás en casa de un cliente o prospecto con quien compartes un nuevo producto o una oportunidad de negocio. ¿Cuáles son los elementos presentes? Estás tú, está el cliente potencial y está el producto, servicio u oportunidad que estés ofreciendo.

Para que dicha reunión dé los resultado que tú buscas —la venta de tu producto o negocio—, y entendiendo que la decisión de comprar es un acto emocional, tiene que existir cierto nivel de entusiasmo, tranquilidad y seguridad en el ambiente, que le ayude a tu cliente a sentirse confiado acerca de la decisión que está a punto de tomar.

Ahora bien, si dicha confianza no existe en el comprador, no pienses que todo está perdido. Tú, como vendedor puedes crear esta atmósfera con tu propio entusiasmo, seguridad y convicción sobre los grandes beneficios que tu producto traerá a la vida de tu cliente. Con ese entusiasmo te puedes encargar de ayudarle a tomar la decisión correcta.

Algunos vendedores pueden creer que lo que están haciendo es presionando a su cliente, poniéndolo entre la espada y la pared, o tratando de intimidarlo. Indudablemente, esa actitud no les permitirá cerrar muchas ventas, porque ninguna de esas palabras que acabo de mencionar describe una situación donde yo como cliente me pueda sentir tranquilo de comprar.

El vendedor exitoso, el vendedor profesional sabe que lo que verdaderamente está haciendo es ayudando a su cliente a superar la tendencia, que todos los seres humanos tenemos, de posponer las decisiones para más tarde. Y puesto que él es consciente de los beneficios que su producto le va a traer a su cliente, pues no se sienten mal ayudándolo a que tome esa decisión.

Hace poco compré un nuevo teléfono celular. Después que finalmente acordamos el plan de llamadas que más me convenía, escogimos el modelo apropiado y convenimos el precio que debía pagar. El vendedor me preguntó si deseaba adquirir un plan de protección *extra* en caso de que algo le sucediera al teléfono.

Mi primera reacción fue decir *no*. A pesar de que estos planes de protección adicionales son ahora muy comunes en el mercado, la verdad nunca estuve totalmente convencido acerca de la necesidad de este servicio. El mes de garantía que ofrecía el fabricante me parecía suficiente, así que éste no era más que un gasto innecesario. De manera que respondí con el acostumbrado: "por ahora no, gracias. Voy a pensarlo y si decido hacerlo regreso después", lo cual —por lo menos en mi caso— es simplemente otra manera de decir, "no pienso gastar un centavo más".

Sin dejarse desanimar por mi negativa, mi *asesor de compra* me dijo: "Señor Cruz, yo nunca suelo adquirir las garantías para muchos de los productos que compro, porque me parecen demasiado caras e innecesarias en muchos casos. Sin embargo, un teléfono celular es algo que se está manipulando constantemente en la casa, en el trabajo, o en la calle. Las posibilidades de que en algún momento se le caiga y se rompa, se descomponga o se le pierda son mucho mayores que con cualquier aparato electrónico". Y con gran entusiasmo y una sonrisa en los labios me dijo: "yo le aconsejo que en este caso haga una excepción".

No pretendía presionarme, sólo me hacía una sugerencia. Lo que él en realidad estaba haciendo era apelando a mis emociones. ¡Funcionó! Sin embargo, la historia tiene un final feliz. Un par de meses más tarde se me cayó el teléfono y dejó de funcionar. Si no hubiera tenido aquel contrato de protección hubiese tenido que comprar otro teléfono de mi propio bolsillo. En cambio, gracias a su sugerencia, recibí un nuevo teléfono, gratis.

¿Cuál es la moraleja de esta historia? Tu éxito en las ventas va en proporción directa a tu capacidad para ayudarles a otras personas a tomar decisiones.

5. La falta de confianza

Veamos ahora la razón más común por la cual las personas no compran lo que nosotros vendemos. No sólo es la más común, sino también es una de las más ignoradas: la falta de confianza.

Tan difícil como pueda ser aceptar esto, una gran mayoría de las personas que no desean compran nuestro producto, no lo hacen por falta de confianza.

Quiero aclarar que esto no necesariamente significa que tus clientes duden de tu honestidad, o estén cuestionando tu ética o tu integridad. A lo que me refiero es que ellos no compran porque sienten que no se ha creado una atmósfera de confianza, familiaridad y seguridad en la cual les sea fácil tomar la decisión de comprar.

El paso más crítico en construir una profesión productiva en el campo de las ventas es precisamente la confianza. Ésta es el resultado de dos aspectos muy importantes: Primero, nuestra convicción total de que el producto que estamos ofreciendo tiene ventajas bien definidas sobre otros productos, y responde a las necesidades de nuestro cliente. Y segundo, haber logrado establecer una conexión personal con nuestro cliente; haber escuchado sus inquietudes, objeciones y dudas, y estar genuinamente interesados en servirles de la mejor manera posible.

Nuestro interés no puede ser simplemente cerrar la venta por lo que representa para nosotros. Debemos ver en ese cliente una persona con la cual estamos a punto de desarrollar una relación que esperamos que dure toda la vida.

Con frecuencia, cito en mis conferencias una estadística muy interesante presentada por prestigiosas instituciones como la Universidad de Harvard y la Fundación Carnegie.

Después de haber desarrollado investigaciones totalmente independientes, ellas encontraron que sólo un 15% de las razones por las cuales una persona triunfa profesionalmente, escala posiciones dentro de su empresa y sale adelante en su campo, tiene que ver con sus habilidades profesionales y conocimientos técnicos.

El 85% restante de las razones por las cuales estas personas logran salir adelante y triunfar personal y profesionalmente tiene que ver con su actitud personal, su nivel de motivación y su capacidad para desarrollar relaciones positivas con los demás.

Si examinas tus propias experiencias como comprador, te vas a dar cuenta de que tú tiendes a hacer negocios con aquellas personas con las cuales te sientes bien, con vendedores que te hacen sentir cómodo, están genuinamente interesados en tus necesidades, te escuchan, e inclusive, están dispuestos a no cerrar una venta si creen que su producto o servicio no es lo que tú verdaderamente necesitas.

Todos queremos hacer negocios con este tipo de vendedor y cuando lo encontramos, no sólo le compramos, sino que le enviamos referidos y lo recomendamos con nuestros amigos.

A todo lo largo de este libro continuaré compartiendo contigo otras estrategias, ideas y conceptos que te van a ayudar a construir esta confianza. Sin embargo, ten siempre presente que todas estas técnicas, al igual que los cierres, las estrategias de ventas, los estilos comunicativos de los que he hablado deben basarse en un carácter integro, honesto y sincero. De no ser así, ninguna estrategia podrá ayudarte a construir una carrera exitosa en el campo de las ventas. Mantén siempre una gran actitud, comunicando tu entusiasmo, demostrando un genuino interés en querer ayudarle a tu cliente y siendo siempre transparente e íntegro en tu trato con los demás.

Ésa es la verdadera clave del éxito en las ventas y lo que te permitirá crear la atmósfera de confianza donde le sea fácil al cliente tomar la decisión de comprar.

Cuando tú hablas, todo tu cuerpo habla

Séptimo secreto:

El vendedor de éxito es conciente que cuando él habla, todo su cuerpo habla. Sabe que si no hay armonía y correspondencia entre los tres aspectos de su mensaje —lo que dice, cómo lo dice y su lenguaje corporal— tendrá menos oportunidades de llegar a la mente de su interlocutor y disminuirá el nivel de credibilidad de su cliente en él y en su mensaje.

"*¡C*amina siempre con paso firme y la frente en alto!*", "un saludo hace o deshace un negocio", "recuerda que no es lo que digas sino cómo lo digas". José recordaba escuchar una y otra vez de su padre estos y muchos otros adagios y proverbios que, en conjunto, ponderaban esta misma idea que ahora leía en este séptimo secreto: cuando hablamos todo nuestro cuerpo habla.*

Esto había sido precisamente lo que había llamado su atención el día anterior, cuando aquel anciano se había parado a hablar en la mitad de la plaza. Era fácil ver ahora por qué había logrado cautivar la atención de tantas personas de manera casi instantánea.

Contrario a la algarabía y gritos con que muchas veces se expresaban los mercaderes, él había optado por hablar pausada y calmadamente. El ritmo de su voz y la sencillez y colorido de sus palabras invitaban a escuchar. Sin llegar a intimidar, su mirada siempre estuvo puesta en aquella persona a la cual se dirigía. Sus manos y su cuerpo se movían de tal manera que parecían infundir una fuerza especial en sus palabras. Nunca perdió su compostura, inclusive cuando algunos de los allí presentes hicieron algún comentario satírico frente a sus palabras.

Ciertamente, no había sido una sola cosa lo que había logrado cautivar la atención de todos aquellos que pusieron de lado lo que estaban haciendo para escuchar lo que él tenía que decir.

José sintió que de todos los principios que hasta ahora había leído, éste, más que cualquier otro, reflejaba la actitud de aquel hombre. Era indudable que cuando él hablaba, toda palabra, movimiento, gesto y expresión dejaba ver la convicción que él sentía por lo que estaba diciendo.

⌘

Mucho antes de que se popularizaran los diferentes conceptos de la Programación Neurolingüística, el profesor Albert Morabian de la Universidad de California había llegado a la conclusión de que cuando hablamos, nuestro mensaje se compone en realidad de tres mensajes individuales: el verbal, el vocal y el visual.

Uno de los objetivos más importantes de su investigación consistía en medir el efecto que cada uno de estos tres componentes tenía sobre la persona que nos estuviera escuchando. Buscaba determinar que tanto influía cada una de estas partes del mensaje en las decisiones de nuestro interlocutor con respecto a las ideas que estábamos presentando.

La parte *verbal* del mensaje es la idea que queremos comunicar, el mensaje en sí. En el caso de las ventas es la presentación que tú haces de tu producto, tu negocio o tu servicio. Uno de los errores más comunes que cometen los vendedores es concentrarse exclusivamente en este mensaje verbal, asumiendo que representa la totalidad del mensaje. Creen que la idea que quieren compartir es lo único que importa y que mientras ésta sea presentada de manera clara y precisa, todo está bien. Sin embargo, la realidad es que ella es sólo una parte del mensaje.

La segunda parte es el mensaje *vocal*. Éste incluye la forma en que son pronunciadas las palabras, la entonación, la proyección y resonancia de nuestra voz, el énfasis que le damos a ciertas palabras y el sentimiento y la emoción que les imprimimos.

El mensaje *visual* está compuesto por todo aquello que nuestro interlocutor ve, nuestra expresión, los gestos y movimientos de la cara, la postura del cuerpo mientras hablamos, y todos los demás elementos que comúnmente conocemos como el lenguaje corporal.

Uno de los resultados más importantes de esta investigación fue la confirmación de algo aparentemente obvio, pero a lo cual rara vez prestamos atención: El nivel de consistencia o inconsistencia entre estos tres elementos determina el grado de credibilidad con que un mensaje es recibido. Si no hay armonía y correspondencia entre lo que estamos diciendo, cómo lo estamos diciendo, y nuestro lenguaje corporal, disminuye el nivel de credibilidad de quien nos escucha.

Por ejemplo, ¿qué pensarías si al encontrarte con un amigo que camina desganado y arrastrando los pies, cabizbajo y con los hombros caídos, le preguntas cómo está, y en voz baja él te responde: "Fantástico"?

¿Qué parte del mensaje vas a creer: la palabra "fantástico", el tono bajo y deprimido de su voz, o su postura física? Si alguien me responde de esa manera, lo más probable es que ignore la parte verbal de su respuesta, ya que los otros componentes del mensaje, el aspecto vocal y el visual, la están contradiciendo totalmente.

De hecho, el doctor Morabian encontró que la parte verbal del mensaje —las ideas y la información en sí— sólo influye en las decisiones y acciones de quien nos escucha en un 7%. Eso es todo. Mientras que la parte vocal influye en un 38% y la parte visual —el lenguaje corporal— en un 55%.

De manera que cuando la parte vocal y visual de nuestro mensaje —gestos, tono de voz y expresión corporal— que constituyen conjuntamente un 93% del mensaje, muestran cualquier nivel de inconsistencia con lo que estamos diciendo, nuestro mensaje perderá credibilidad. No importa que tan lógicas y claras sean nuestras ideas, que tan bien hayamos preparado nuestra presentación o con qué tanta profundidad sepamos de lo que estamos hablando, nuestro oyente no creerá el mensaje, o por lo menos, no lo aceptará ni se dejará influir por él.

En el campo de las ventas, esta inconsistencia producirá siempre los mismos resultados, una respuesta negativa por parte del cliente. Imagina por ejemplo que realizas una presentación de ventas ante un cliente potencial. Cuando él te pregunta acerca de la calidad del producto, das lo que aparenta ser una respuesta satisfactoria. No obstante, mientras hablas, tu postura es de inseguridad o confusión; o tus manos se mueven nerviosamente y tu mirada es un tanto evasiva.

¿Qué crees que sucederá? No importa que la calidad de tu producto sea insuperable, ten la plena seguridad que tu mensaje verbal no logrará en tu cliente los resultados que tú esperas. No sólo no creerá tu explicación, sino que tu lenguaje corporal creará desconfianza en él. Tu postura inconsistente le hará creer que tus palabras no son sinceras o que estás ocultando algo, así estés siendo totalmente honesto.

Así que el primer paso para convertirte en un gran comunicador, en una persona que expresa entusiasmo, fuerza y convicción al hablar, es examinar cuidadosamente la consistencia entre los tres aspectos que componen tu lenguaje. Si ves que estás fallando en alguno de ellos, comienza a trabajar en mejorarlo.

Una buena manera de descubrir que tan bien te estás comunicando es grabando tu presentación. Lo óptimo sería poder grabarla en vídeo, ya que te permitiría observar los tres aspectos de tu mensaje. Si no es posible, por lo menos graba tu presentación de ventas en una grabadora. Esto te permitirá escuchar cómo te oyen los demás cuando hablas. Esta es la única manera en que podrás apreciar qué tanta energía transmites cuando hablas, y podrás identificar los atributos y las debilidades en tu manera de expresarte.

Lo ideal sería poder grabar una de las presentaciones con uno de tus clientes. Si no es posible pide a alguien más que represente el papel de cliente. De cualquier manera, analiza cuidadosamente tu presentación, ¿qué te gusta de ella? ¿Qué necesitas cambiar? Si trabajas en ello te convertirás en un mejor vendedor. El ignorar lo que sabes que debes cambiar te está robando la oportunidad de alcanzar mayores metas.

Veamos en más detalle cada uno de estos tres mensajes y qué podemos hacer para asegurarnos que estamos transmitiendo convicción y entusiasmo en cada uno de ellos.

El mensaje verbal

A pesar de que representa sólo un 7% de lo que tu cliente cree, debes asegurarte que sabes de lo que vas a hablar. Ya sea que estés conversando con tu pareja o tus hijos, que te encuentres frente a un cliente, frente a tu equipo de trabajo, o que te estés dirigiendo a una audiencia de miles de personas, no hay nada más penoso que escuchar a alguien que no sabe de lo que está hablando. Esto es particularmente frustrante si quien no sabe de qué está hablando es el vendedor que supuestamente te está tratando de ayudar. Como ya vimos, ésta es una de las razones por las cuales las personas no compran.

Si verdaderamente deseas dar fuerza y energía a tu presentación, recuerda que un vocabulario rico y la habilidad para utilizarlo, es la diferencia entre lo apropiado y lo espectacular. Utiliza palabras pintorescas. Recuerda que el cerebro piensa en imágenes. Si le ayudas con palabras que sean fáciles de visualizar la comunicación será mucho más ágil. En ocasiones, todo lo que necesitamos para darle una inyección de poder a nuestro mensaje es cambiar algunas palabras. Así lo demuestra el siguiente ejemplo:

Cierta persona deseaba vender su casa y había tratado de hacerlo por varios meses, a través de diferentes agencias, sin ningún resultado. Los avisos que ellas utilizaban eran algo así por este estilo:

Vendo hermosa casa con garaje, espacioso jardín, cuatro cuartos, y chimenea. Posee aire acondicionado, calefacción y acceso conveniente a escuelas y centros comerciales.

Todos estos detalles y características son importantes a la hora de ofrecer cualquier producto. Sin embargo, es bien sabido que las personas no compran características o beneficios, a menos que se puedan ver disfrutando de ellos en su propia vida. Su decisión de comprar está basada más en sus emociones que en argumentos lógicos. Así que si deseamos ser efectivos en el campo de las ventas, tenemos que poder ayudar a nuestros clientes a crear y experimentar las emociones y sentimientos que les permitan tomar la decisión de comprar nuestro producto.

Después de varios meses sin obtener resultados positivos, aquella persona decidió tomar las cosas en sus propias manos y publicar un anuncio que transmitiera sus verdaderos sentimientos, sin olvidar las características y beneficios.

He aquí el anuncio que ella publicó:

¡Extrañaremos nuestro hogar!

Hemos sido felices en él, pero infortunadamente cuatro cuartos ya no son suficientes y por tal razón debemos mudarnos.

Si le gusta el calor de la leña quemándose en la chimenea mientras admira la naturaleza a través de grandes y espaciosos ventanales; si le agrada un jardín despejado, propicio para admirar las puestas de sol, y desea disfrutar de todas las ventajas de un hogar bien situado, es posible que usted quiera comprar nuestro hogar.

Esperamos que así sea. No quisiéramos que estuviera solo para estas navidades.

La casa se vendió al día siguiente. Este es, sin duda alguna, el mejor ejemplo de que, a pesar que el mensaje verbal representa sólo un 7% de lo que tu cliente tomará en cuenta al momento de decidir si compra o no, hay maneras mucho más efectivas de decir las cosas.

El mensaje vocal

Nuestra voz es una de las herramientas más importantes que poseemos. Cómo la manejemos determina que tanta efectividad tengamos al momento de comunicar cualquier idea.

Nuestra voz es capaz de transmitir cientos de emociones. El hablar pausadamente transmite tranquilidad. Pero el hacerlo demasiado despacio puede crear monotonía. Hablar un poco más rápido de lo común le da dinamismo a tu mensaje, pero hacerlo excesivamente rápido puede crear nerviosismo y ansiedad en tu cliente.

He aquí algunas cosas que puedes hacer para dar más fuerza, emotividad y seguridad a tu voz.

Respira, tómate tu tiempo al hablar. Elimina los acentos demasiado marcados que puedan distraer a tu cliente potencial del verdadero mensaje. Evita hablar de una manera monótona. Aprende a utilizar varios volúmenes y tonos para dar fuerza a tu mensaje y transmitir diferentes emociones. Sube el volumen cuando sea necesario, bájalo si quieres atraer la atención de tu cliente, o dale más velocidad si deseas agregarle un mayor dinamismo a cierta parte de tu presentación.

Otro aspecto muy importante es prestar mucha atención a tu voz por teléfono. La entonación, el volumen y la resonancia de tu voz son responsables por un 84% del impacto emocional y la credibilidad de tu mensaje cuando estás hablando por teléfono y la otra persona no puede verte directamente.

Después de todo, si la otra persona no puede evaluar tu mensaje visual, no tienes la oportunidad de llegarle a ella con ese 55% que es el lenguaje corporal. La única opción que tienes para imprimirle dinamismo y fuerza a tu mensaje es acentuar aun más otros aspectos como el volumen de tu voz, la velocidad, la entonación y el énfasis que le des a las palabras.

El mensaje visual

Es vital tener en cuenta que cuando hablas, todo tu cuerpo habla. Esto es de gran importancia, ya que como dice aquel popular adagio, la primera impresión es la que cuenta, y nunca recibiremos una segunda oportunidad para lograr una primera buena impresión.

La impresión que transmites en los primeros dos segundos es tan fuerte, que toma aproximadamente cuatro minutos más para agregar un 50% más a esa primera impresión. Y ¿sabes qué? esos dos primeros segundos son casi exclusivamente visuales, porque en dos segundos no has tenido la oportunidad ni de abrir la boca.

En cierta encuesta realizada con entrevistadores de personas que buscaban trabajo, ellos manifestaron que suelen decidir a qué aspirante contratarán durante los cuatro primeros minutos de su entrevista, así la entrevista dure media hora o más.

Muchas veces la decisión se toma incluso antes de que el aspirante haya dicho una sola palabra. En tales casos, el entrevistador ni siquiera ha examinado el expediente del aspirante y no posee ninguna información sobre sus capacidades. Su decisión ha sido tomada basándose exclusivamente en su lenguaje corporal.

Pregúntate: ¿si un 55% de la credibilidad que las demás personas tendrán hoy en lo que yo diga depende de la imagen que proyecte; me está ayudando mi apariencia personal y mi manera de vestir, o está enviando el mensaje equivocado?

Hace algunos años estaba buscando un contador para que trabajara en mi empresa. Cuando entrevisté al primer candidato, bastaron sólo diez segundos para llegar a la conclusión de que sus conocimientos eran obsoletos y sus ideas demasiado anticuadas.

Después que salió de la oficina, me di cuenta que la única razón por la cual pensé que sus conocimientos eran anticuados fue por su vestuario anticuado. A nivel inconsciente, me tomó sólo unos segundos llegar a la conclusión de que si su manera de vestir era anticuada pues sus ideas seguramente serían igualmente anticuadas. Bastó eso para poner una barrera entre él y yo.

¿Es justo esto? ¿Qué crees tú? ¿Es justo este juicio apresurado? Por supuesto que no. Pero ¿sabes qué? Justo o no, esa es la manera en que opera nuestro cerebro y el de todo el mundo. Así que cuida tu postura, cuida tu apariencia personal y tu manera de vestir.

Recuerda, cuando tú hablas todo tu cuerpo habla.

Los beneficios del producto y el servicio al cliente

Octavo secreto:

El gran vendedor conoce su producto y le ayuda a su cliente a enfocarse en los beneficios que éste traerá a su vida. También sabe que la mayor diferencia entre él y la competencia está en la manera como atienda a sus clientes. Si presta una atención especial a sus necesidades y preocupaciones, y ofrece un gran servicio, podrá contar con clientes para toda la vida.

P oco después que José comenzara a frecuentar el mercado y a observar el comportamiento de los distintos comerciantes, pudo determinar que el conocimiento del producto no era necesariamente el factor que marcaba la diferencia entre el vendedor exitoso y el vendedor promedio. Un tanto desconcertado por esta observación, se puso en la tarea de determinar lo mejor que pudiera qué tanto influía en la decisión del cliente el conocimiento que el vendedor tuviera del producto. Los resultados confirmaron su conclusión inicial: éste no parecía influir en la decisión del cliente en más de un 10%.

La decisión del cliente de comprar o no el producto parecía estar influenciada en mayor medida por la actitud y la capacidad del vendedor para comunicar con entusiasmo dicho conocimiento. Era evidente que el vendedor poco exitoso, aquel que no había cosechado mayores éxitos, muchas veces conocía el producto tan bien como el vendedor exitoso que semana tras semana veía prosperar su negocio. Los dos parecían conocer su producto con *igual propiedad. Sin embargo, en algún momento a lo largo del proceso de negociación, el cliente escogía a uno y no al otro.*

En aquel momento José sacó dos conclusiones muy importantes. Primero, que todos los vendedores transformaban el producto que ofrecían de acuerdo a cómo decidían presentarlo y en qué decidían enfocarse. Él pudo observar que mientras el pobre vendedor solía limitarse a dejarle saber a sus clientes las características del producto, el vendedor exitoso prefería enfocarse en los beneficios que su producto le proporcionaría.

De igual manera, pudo notar que la gran mayoría de compradores prefería hacer negocios con aquellos comerciantes que estuvieran dispuestos a escucharles y a tratarlos con especial atención.

El joven aspirante a vendedor se aseguró de grabar en su mente la gran lección que había aprendido aquel día: "La clave del éxito está en la atención que demos a nuestros clientes".

~~❦~~

En su libro: *Cómo ganar amigo e influir sobre las personas*, Dale Carnegie, escribe que "es posible ganar más amigos en dos meses interesándonos por los demás que en dos años tratando que los demás se interesen por nosotros". Aplicando este mismo concepto al campo de las ventas obtenemos uno de los principios más importantes en el arte de vender: Podemos conseguir más clientes en dos meses desarrollando un interés genuino en ellos y en sus necesidades, que en dos años esforzándonos por que ellos se interesen en nuestros productos.

En este capítulo hablaremos sobre ciertos aspectos que cobran especial importancia durante la venta. Uno de estos aspectos es la manera como el cliente percibe nuestro producto o negocio, y el otro la importancia del servicio y la atención al cliente.

Hay quienes creen que un buen producto se vende solo, así la atención que reciba el cliente no sea la mejor. Otros piensan que quien brinde una gran atención y un excelente servicio a sus clientes es capaz de vender cualquier producto, así la calidad no sea la mejor.

El vendedor de éxito sabe que tanto su conocimiento del producto y su habilidad para presentar sus beneficios, como la atención que dé a su cliente, son responsables por cerrar cada venta y crear clientes leales. Por esta razón, él presta igual atención a estos dos aspectos.

Quiero que te imagines a dos vendedores que están ofreciendo exactamente el mismo producto. Los dos trabajan para la misma empresa, tienen un conocimiento similar del producto y saben todo lo que necesitan para hacer una excelente presentación.

El primero de ellos decide enfocarse en las características del producto. Es un experto en lo que se refiere al funcionamiento del mismo; ha memorizado todos los componentes, conoce lo que cada uno de ellos hace y le gusta poder hacer demostraciones que le permitan al cliente ver todas estas características y componentes en acción.

Por su parte, el segundo vendedor decide enfocarse en los beneficios que su producto ofrece. Su presentación va guiada a ayudarle al cliente a visualizarse disfrutando de estos beneficios. Su mayor interés es que él pueda ver y experimentar el producto y crear una imagen mental donde se vea disfrutando de todo lo que éste podrá brindarle. Sobre todo, él sabe que lo más importante que le puede ofrecer a su cliente es una atención esmerada y personalizada.

¿Quién de los dos logrará cerrar la venta?

Para responder a esta pregunta es importante entender que un producto está compuesto de características físicas como el color, el tamaño y otras propiedades tangibles; y de atributos intangibles como la marca, la garantía, el servicio y la atención. En conjunto, todos estos atributos buscan satisfacer las necesidades del cliente. Sin embargo, para que este producto genere una venta debe existir una necesidad y un cliente que desee disfrutar de los beneficios que dicho producto proporciona.

En otras palabras, los productos no se venden por lo que son, sino por lo que pueden hacer y significar para el cliente. Se venden por la satisfacción que le puedan proporcionar, las emociones que le permitan experimentar y la utilidad que le reporten. A pesar de que a todos nos interesa la calidad del producto, lo cierto es que ninguno de nosotros compra propiedades, especificaciones o detalles técnicos. Compramos beneficios. Así que las opciones de éxito de nuestro primer vendedor son dudosas.

Ahora bien, nuestro segundo vendedor sabe que a pesar de que las personas compran beneficios, ellas lo hacen sólo cuando se puedan visualizar disfrutando de los mismos. Por esta razón él enfoca su presentación en ayudarle al cliente a crear una imagen donde se pueda ver disfrutando de todas las ventajas que el producto ofrece. Como resultado de eso logra realizar la venta.

Esta es una de las lecciones más importantes que debemos aprender: Las personas no compran características. Ellas compran aquellos beneficios de los cuales desean disfrutar. Éstos pueden ser económicos, de seguridad, comodidad o bienestar, por mencionar algunos.

Obviamente, estos beneficios son el resultado de las características y propiedades del producto. Por tal razón, el vendedor exitoso conoce muy bien todos sus atributos y cualidades. Sabe que cada una de estas características puede generar múltiples ventajas para el cliente. De igual manera, está totalmente convencido de que conocer su producto —tanto atributos como beneficios— le permitirá apreciar mucho mejor las ventajas que lo diferencian de sus competidores, de manera que pueda estar mejor preparado para responder las posibles objeciones que el cliente presente.

Asimismo, tiene claro que sus dos funciones más importantes son asegurarse de presentar aquellos beneficios que respondan a las necesidades específicas de cada cliente, a sus motivaciones y deseos, y ayudarle a enfocarse en las emociones que dichos beneficios le permitirán experimentar.

Él sabe que las personas no compran vitaminas o suplementos alimenticios, sino compran la seguridad de saber que están consumiendo todo lo que su cuerpo necesita para tener una vida larga y saludable.

Las personas no compran ropa. Compran las sensaciones de confort, elegancia o moda que un determinado tipo de ropa les hace experimentar. Ellas no compran seguros de vida; compran la tranquilidad de saber que su familia no quedará desamparada en caso de que les ocurra algo. Tampoco compran casas; compran el sueño de un hogar. No compran cremas contra las arrugas, sino juventud.

Así que no limites tu atención al precio, las características y propiedades del producto, porque tan importantes como ellas son, no son lo que el cliente verdaderamente compra. Dedícate a descubrir los beneficios más importantes de tu producto o servicio.

Si deseas que tu cliente se enfoque en aquello que es verdaderamente importante acerca de tu producto o negocio debes asegurarte que sabes cuáles son los beneficios reales que tu producto le proporcionará. ¿Qué problemas soluciona? ¿Qué lo hace único? ¿Qué lo distingue de la competencia? ¿Qué beneficio en particular puede el cliente encontrar más importante? ¿A qué necesidades responde?

Todas estas preguntas te ayudarán a enfocar tu presentación en aquello que es verdaderamente importante: tu cliente.

La atención y el servicio al cliente

Anteriormente mencioné que el servicio y la atención son parte de los valores intangibles que el cliente tiene en cuenta al momento de decidir si compra o no. A pesar de que, en ocasiones, es poco lo que podemos hacer para mejorar la calidad del producto que vendemos —a menos que estemos directamente involucrados en su fabricación—, hay mucho que sí podemos hacer en lo referente a la atención y el servicio que prestamos a nuestros clientes.

¿Te imaginas que ocurriría si cada cliente que compra un producto tuyo se convirtiera en un cliente para toda la vida? Si eres un representante de ventas y trabajas por comisión, ¿te puedes imaginar qué clase de ingresos tendrías si todos tus clientes fueran un 100% fieles a ti? Si trabajas en la industria de la venta directa, ¿te has puesto a pensar que ocurriría con tu negocio, si cada persona a la que le vendes tu producto, o a quien auspicias en tu negocio, mantiene esta relación por siempre?

Tristemente, muchos vendedores ven esto como una imposibilidad, o como un concepto poco práctico. Ellos prefieren creer que las ventas requieren identificar un cliente potencial, hacerle una presentación del producto, servicio o negocio, tratar de cerrar la venta, esperar que el cliente no cancele la orden o devuelva el producto, olvidarnos de él y salir en busca de otro cliente.

Fuera de ser ineficiente, desgastante e improductiva, esta estrategia no nos brinda la oportunidad de aprovechar la relación desarrollada con nuestros clientes.

Una de las razones por las que no creemos que podemos tener clientes para toda la vida, es porque en esta sociedad de consumo, donde todo se mueve tan rápido y la competencia es tan feroz, pocas veces nos detenemos a evaluar si estamos actuando de la manera más efectiva o no. Y como dice el viejo adagio: "si continúas haciendo lo mismo que has venido haciendo, continuarás obteniendo los mismos resultados que has venido obteniendo".

Tom Peters, el gran gurú de los negocios, decía lo siguiente acerca de las ventajas competitivas que las empresas modernas creen tener sobre su competencia: "Existe un exceso de compañías *similares*, donde trabajan empleados *similares*, con educación y experiencia muy *similares*, que producen ideas *similares*, y fabrican productos *similares*, con precios y calidades relativamente *similares*. Y todas tienen un propósito *similar*: quieren ser *diferentes*".

Bajo tales circunstancias, donde los beneficios, precio, calidad y otros aspectos del producto son cada vez más similares, la única ventaja competitiva real que aún permanece es la atención y el servicio al cliente. Hoy por hoy, este factor es lo único que diferencia a una empresa de la otra y, en ocasiones, es el factor que mayor incide en el cliente al momento de decidir qué comprar, dónde comprar y con quien hacer negocios.

Es imposible hablar de cómo triunfar en el campo de las ventas, sin dedicar gran tiempo al tema de la atención al cliente. Ésta comienza desde el momento en que estás haciendo la presentación de tu producto, continúa durante el proceso de cierre y venta y, si quieres que sea un cliente para toda la vida, esa atención nunca termina.

Para entender qué es la atención al cliente, y cómo es que te puede dar a ti una ventaja competitiva que te haga inolvidable con tus clientes, es importante primero entender cuál es el propósito de una empresa.

Todos hemos escuchado lemas y eslóganes publicitarios como: "En nuestra empresa el cliente es *número uno*", "nuestros clientes son la base de nuestro crecimiento", o "el cliente siempre tiene la razón". Frases, que suenan bien, que nos dejan ver las buenas intenciones de estas empresas, pero que muchas veces no pasan de ser lemas de mercadeo y eslóganes promocionales que nunca se traducen en hechos reales.

¿Cuál es el verdadero propósito de la empresa?

Cómo te podrás imaginar, cuando hago esta pregunta en una conferencia, donde hay personas de 100 ó 200 empresas distintas representadas, recibo un gran número de respuestas diferentes.

Algunos responden que el propósito de la empresa es ganar dinero o generar utilidades. Otros, que capturar un mayor sector del mercado. Otras personas piensan que el propósito es ser el líder en su industria. Algunos inclusive creen que el propósito es generar empleo y contribuir al desarrollo de las comunidades donde se encuentran. Así que, como puedes ver, las opiniones son bastante variadas. Es posible que tú también pienses de manera distinta. Sin embargo quiero poner la siguiente idea a tu consideración, ya que después de mucho pensar en ella, he llegado a la conclusión de que es la respuesta más acertada. El propósito de una empresa es crear y mantener clientes. Es así de simple.

Generar ganancias puede parecer el propósito de toda empresa. Y aunque éste puede ser el objetivo de la persona que empieza el negocio, éste no es necesariamente el propósito de la empresa. Recuerda que un negocio se convierte en una entidad independiente de las personas que lo fundaron, con metas, objetivos y necesidades propias.

Las ganancias y utilidades son simplemente una medida, una escala que nos permite medir que tan bien está cumpliendo la empresa con su propósito. El incrementar nuestro volumen de ventas, o llegar a ser líderes en nuestra industria, no son el propósito de la empresa. Ellos son simplemente parámetros que nos permiten medir si estamos cumpliendo con el verdadero objetivo de la empresa, que es crear y mantener clientes.

Si una empresa logra cumplir con su propósito de crear y mantener cada vez más clientes, sus ganancias aumentarán, su volumen de ventas crecerá y seguramente se convertirá en líder en su industria.

La historia nos ha mostrado muchos casos de empresas que no entendieron esto y terminaron en graves problemas. Ellas creyeron que su meta debía ser lograr que su marca fuera la más reconocida, e invirtieron cantidades exorbitantes de dinero en gigantescas campañas publicitarias. Muchas terminaron en la bancarrota, porque se preocuparon más por crear imagen que por crear clientes.

Crear clientes para toda la vida es el resultado de lo que hagas antes, durante y después de la venta. La construcción de una relación duradera con tu cliente comienza mucho antes de que te encuentres frente a él compartiendo tu producto o negocio.

El vendedor común y corriente, que no logra mayor éxito en su carrera profesional, tiene su lista de prospectos y clientes potenciales, pero se le ha metido a la cabeza que para qué desperdiciar tiempo y esfuerzo en aquellas personas que no van a comprar. Él o ella está reservando la atención especial para aquellas personas que decidan ser sus clientes, una vez que decidan serlo, y no antes. Actúa así porque sus expectativas son bajas. Cuando está frente a un cliente potencial, quiere descifrar rápidamente si a esta persona vale la pena invertirle tiempo y esfuerzo o no.

Los vendedores exitosos se comportan de manera distinta. Ellos tienen grandes expectativas. Ellos esperan que cada persona con la que hablan esté interesada en su producto o servicio. Tratan a cada prospecto como si fuese su cliente más importante. Han entendido que su éxito como vendedores depende de su capacidad para desarrollar relaciones positivas con las demás personas. Como resultado de esta actitud, cierran más ventas, disfrutan más de su profesión, tienen clientes más leales y cosechan mayores éxitos a nivel personal y profesional.

Pero para que todo esto ocurra, debemos conocer a nuestros clientes muy bien antes de reunirnos con ellos por primera vez. ¿Qué los motiva? ¿Qué es lo que consideran más importante al momento de tomar la decisión de comprar? ¿El precio? ¿La atención? ¿La calidad? ¿Todo lo anterior? ¿Qué necesidades buscan satisfacer con su compra? ¿Cómo desean ser atendidos?

Las respuestas a todos estos interrogantes nos permitirán determinar cómo es que nuestros clientes esperan y desean ser atendidos. Es parte de lo que yo llamo *La ley de la satisfacción del cliente*. Esta ley dice que el cliente siempre está en lo correcto.

Las mejores compañías en el mundo han sido fundadas sobre esta premisa. La atención y el servicio al cliente son su mayor obsesión. Las compañías que se encuentran a la vanguardia en sus campos de acción son aquellas para las cuales la satisfacción del cliente es la fuerza motriz más importante de la empresa.

Ellas han entendido esta ley como su razón de ser y no como un simple eslogan de mercadeo, pues saben que son las personas las encargadas de llevar satisfacción al cliente. No son las oficinas, las computadoras o los papeles, sino las personas. Son los gerentes, los asesores, los representantes de ventas y cada individuo que hace parte de la empresa, los responsables de mostrarle al cliente que él es la parte más importante de la organización.

La corporación Disney, por ejemplo, emplea a miles de personas para trabajar en sus distintos parques de diversiones. Cada nuevo empleado debe pasar por un riguroso entrenamiento sobre como atender al cliente, no sólo de manera excelente, sino sorprenderlo con la atención. La razón de este entrenamiento es que las personas puedan realizar sus trabajos casi sin pensar, de manera que puedan enfocar todo su esfuerzo en atender y servir a los invitados —que es como Disney llama a los turistas que visitan sus parques—. Y si tú alguna vez has estado en uno de sus parques de diversiones o en una de sus tiendas, te habrás dado cuenta que ellos se toman muy en serio la atención al cliente.

Toda empresa debe empezar con el cliente en el centro. Uno de los peligros más grandes que cualquier compañía puede correr es el perder el contacto con sus clientes y las necesidades que ellos buscan satisfacer. La cadena hotelera Ritz-Carlton, uno de los pocos ganadores en ese sector, de la medalla Baldrige a la calidad, ha tomado medidas fuera de lo común para responder a las demandas de miles de clientes por un mejor servicio.

Todo empleado, empezando por los botones, camareros y otros dependientes, puede gastar hasta un par de cientos de dólares en cualquier momento, y de manera inmediata, sin tener que buscar la aprobación de su jefe, para corregir algún error o queja que un cliente haya presentado.

Si un huésped perdió su cámara fotográfica, o su vestido accidentalmente resultó arruinado durante la cena en el restaurante del hotel, tanto el botones como el administrador del restaurante están autorizados para girar inmediatamente un cheque por el valor de la cámara o del vestido.

Este ejemplo es clara evidencia de que tan lejos algunas empresas están dispuestas a ir para asegurarse que están respondiendo a las necesidades del cliente, y están prestando un servicio de gran calidad.

¿Quieres ver qué tan comprometida está una empresa con la atención y el servicio que da a sus clientes? No mires sus campañas publicitarias, ni los evalúes al momento de hacer la presentación de su producto o su negocio. Evalúa la manera cómo responden cuando un cliente presenta alguna queja.

Ante una queja, muchas empresas olvidan sus promesas y lemas de mercadeo, y no quieren volver a saber de sus clientes.

Lo más absurdo de esta posición, es que una queja es algo positivo. Una queja no es más que un indicador de que nuestro cliente encuentra que sus expectativas sobre nuestro producto o servicio no han sido satisfechas con la calidad esperada.

Mientras la empresa promedio ve las quejas como una molestia, la empresa excelente sabe que esos clientes le están haciendo un gran favor al señalar su inconformidad, ya que esto le permite verificar y mejorar sus procedimientos, su calidad y su producto.

Un gran ejemplo de esto, fue como respondió la corporación Disney hace muchos años a la queja de muchos de sus invitados sobre las largas filas que debían hacer para entrar a cualquiera de las atracciones, las cuales impacientaban tanto a los niños como a los adultos.

Disney creó un equipo con el único propósito de estudiar este problema. Descubrieron qué tanto tiempo podía la gente esperar en una fila, antes de que hubiese necesidad de crear una distracción para que no se inquietaran o se desesperaran.

Como resultado de esta investigación, Disney colocó televisores a lo largo de todas las filas de entrada a cualquiera de sus atracciones. Puso espejos en ciertos sitios estratégicos, ya que descubrió que estos ayudaban a bajar el nivel de estrés de las personas mientras esperaban en línea, y creó otra serie de distracciones para ayudar a sus invitados a tener una mejor experiencia en cada atracción.

Nuestros clientes no tienen por qué rogarnos para ser atendidos, ni para que sus dificultades o problemas sean solucionados. Debemos estar al tanto de las posibles dificultades, para estar un paso adelante de ellas. Una buena manera de hacerlo es retroalimentándonos con las observaciones que ellos nos hagan.

Una queja es una oportunidad que el cliente nos da para que le demostremos con hechos y no con palabras nuestro compromiso con un servicio de calidad. Los vendedores exitosos saben que cuando escuchan con atención y solucionan en forma positiva los problemas que un cliente pueda tener, tendrán un cliente leal. Ellos saben que de no ser así, este cliente buscará otro proveedor que satisfaga sus requerimientos y necesidades.

Advertencia: cuando un cliente te presente una queja no intentes contradecirlo con razones poco claras o justificaciones pobres. Si su queja es legítima, atiéndela inmediatamente. Si no lo haces, tus competidores estarán deseosos de trabajar con él y brindarle la atención que tú le estás negando. Asimismo, cumple siempre tus promesas. Algunos vendedores y empresas con tal de cerrar la venta prometen cualquier cosa, y a la hora de la verdad no pueden cumplir, o no les interesa hacerlo.

¿Cómo responde el cliente cuando sus necesidades no han sido satisfechas, o cuando la calidad del producto o el servicio recibido no es lo que esperaba? Es simple, él decide hacer negocios en otra parte. ¿Cuánto cuesta perder un cliente? Quizás las siguientes estadísticas te den algo que pensar al respecto:

1. Cuesta entre cinco y diez veces más atraer y conquistar a un nuevo cliente que mantener a un cliente ya existente.

2. Todo cliente insatisfecho comparte su insatisfacción por lo menos con diez personas. Un 12% de ellos la comparten con veinte o más personas.

3. De cada diez clientes que se encuentren insatisfechos con tu producto o servicio, nueve ni siquiera tomarán el tiempo para dejártelo saber, mientras que siete de ellos inmediatamente tomarán la decisión de hacer negocios con otra persona.

4. Hasta un 90% de los clientes insatisfechos no comprarán nunca más uno de tus productos y ni siquiera se tomarán la molestia de darte ninguna explicación.

5. El 96% de los clientes insatisfechos nunca se quejan acerca del pobre servicio o la mala atención. Interiormente ellos piensan que de nada servirá, ya que sus quejas seguramente serán ignoradas.

6. El 92% de los clientes insatisfechos volverán a convertirse en clientes leales si sus objeciones y dificultades son solucionadas prontamente.

Siempre debemos tener presente que los clientes estarán dispuestos a pagar más con tal de recibir un mejor servicio. Cuando un cliente presenta una queja, la única pregunta que debemos hacer es: ¿Qué puedo hacer para solucionar su problema?

Quise terminar esta sección con estas estadísticas, para que entiendas que tus clientes no necesariamente esperan perfección, o los precios más bajos del mercado, sino más bien, que ellos desean un gran servicio, y quieren ser atendidos con el respeto y la consideración que se merecen. Eso es todo. Si tú estás dispuesto a hacer esto podrás crear clientes para toda la vida.

El momento de cerrar la venta

Noveno secreto:

El vendedor exitoso sabe que el objetivo de su presentación es cerrar la venta. Las objeciones, lejos de ser negativas, son muestra del interés del cliente en su oferta. El cierre es la prueba final de que el vendedor ha hecho un excelente trabajo, y el cliente ha decidido que el producto responde a sus necesidades, y está listo a comenzar una relación comercial.

J osé tenía muy claro que el objetivo de todo vendedor es lograr la venta. Después de mucho observar cómo ocurría la negociación entre comerciantes y compradores, había llegado a entender dos cosas: Primero, que entre más claridad tuviese el cliente en cuanto a sus necesidades, el producto que buscaba y el precio que estaba dispuesto a pagar, más fácil solía ser el proceso de venta. Segundo, que éste no era siempre el caso. Muchos clientes no sabían lo que querían, no tenían claridad acerca de sus necesidades o ignoraban el precio indicado que debían pagar. Toda esta incertidumbre se prestaba para que la negociación se convirtiera muchas veces en una verdadera discusión de sordos.

En cierta ocasión, cuando José le comentó a su padre lo furiosos y enojados que solían ponerse algunos mercaderes ante las preguntas y objeciones presentadas por sus clientes, él respondió: "Muchos vendedores ignoran lo que es vender. No saben que son esas objeciones las que hacen necesaria su presencia".

Luego le dijo algo que nunca había olvidado: "La venta no comienza hasta tanto el cliente no presente una objeción. Las objeciones abren el camino al diálogo, involucran al cliente en el proceso de negociación, y representan preocupaciones, inquietudes, o dudas reales para el cliente. Todo lo cual es positivo, ya que si él no estuviese interesado, nada le preocuparía, ni requeriría más información".

"Una objeción no es más que la manera como el cliente busca lidiar con dos de sus temores más básicos: el ser presionado a comprar algo que no necesita, o el tomar la decisión equivocada respecto a la compra. Toda objeción es síntoma de algún temor. La mejor manera de responder a ella es identificando el temor que oculta, buscando entenderlo desde el punto de vista del comprador y ayudarlo luego a enfocarse en los beneficios que el producto le proveerá.

❧

Si existiera una técnica o estrategia única para cerrar la venta, sería fácil poder aprenderla y todos seríamos vendedores estelares. Sin embargo, el éxito en las ventas depende de nuestra habilidad para comunicar nuestro mensaje con entusiasmo y efectividad, y saber escuchar las inquietudes y objeciones que el cliente pueda tener. En síntesis, es la conclusión de todo el proceso de venta.

El cierre es el paso natural y obvio al proceso de comunicación que ha ocurrido entre el cliente y el vendedor a lo largo de toda la presentación. Si ésta ha sido clara, si las inquietudes y preocupaciones del cliente han sido cubiertas satisfactoriamente y el vendedor ha logrado ayudar a su cliente a visualizarse disfrutando de los beneficios que su producto le ofrece, lo más lógico es dar el paso que le permita al cliente comenzar a disfrutar de dichos beneficios.

Sin embargo, este paso no viene sin ciertas dificultades. Ya vimos algunas de ellas cuando hablamos de las cinco razones principales por las cuales las personas no compran. De hecho, en ningún momento, nuestras habilidades como vendedores —o mejor aún, como asesores del comprador— se ponen tanto a prueba como al momento de responder a las objeciones que el cliente pueda tener.

Como ya hemos visto, las objeciones son positivas. Demuestran que el cliente ha estado escuchando, que ha procesado la información y está interesado. De otra manera no se molestaría en objetar nada. Cuando algo no nos interesa decimos claramente "no me interesa". Cuando un cliente se molesta en pensar y formular una objeción nos está diciendo implícitamente: "El producto me interesa. Ayúdame a convencerme de que debo comprártelo".

Las objeciones dan continuidad a la comunicación y nos permiten descubrir nueva información acerca del cliente. Nos dan la oportunidad de brillar; de mostrarle que sabemos de lo que estamos hablando, que estamos interesados en sus preocupaciones y estamos dispuestos a escuchar. Y todo esto es positivo.

De otro lado, también es importante entender que, de no ser tratadas de manera positiva y oportuna, estas mismas objeciones pueden terminar abruptamente con nuestro intercambio de ideas y con nuestras posibilidades de realizar la venta.

Por esta razón quiero compartir contigo algunas maneras de responder positivamente a algunas de las objeciones más frecuentes. Quiero utilizar la palabra **VENTA** como acróstico de estas cinco ideas para que las puedas recordar fácilmente:

Visualizar los beneficios

Escuchar las preocupaciones del cliente

Necesidad de proveer nueva información

Todo lo que necesitas hacer es preguntar

Aliviar la ansiedad del cliente

1. Visualizar los Beneficios

Has escuchado alguna vez los dichos "ojos que no ven, corazón que no siente", "la comida entra por los ojos" o "ver para creer". Estos refranes ilustran una realidad que no podemos ignorar en el campo de las ventas. Antes de tomar la decisión de comprar, la gran mayoría de los clientes necesitar poder ver, tocar, sentir y experimentar el producto. Es responsabilidad del vendedor que el cliente, no sólo pueda apreciar el producto, sino que logre visualizarse claramente disfrutando de los beneficios que éste traerá a su vida.

Cuando le brindamos al cliente la oportunidad de apreciar y disfrutar los beneficios que él experimentará una vez haya adquirido el producto, cerrar la venta será mucho más fácil.

El vendedor de autos le puede dar al cliente la oportunidad de manejar el vehículo que desea comprar, apreciar la potencia del motor o escuchar la calidad del sonido del radio. El vendedor de trajes puede permitirle al cliente vestir una prenda y experimentar la sensación que le produce usarla. El vendedor de computadoras portátiles puede darle la oportunidad al cliente de experimentar la velocidad de conexión del aparato, la calidad y resolución de la imagen o lo liviano que resultará cargarlo.

Sin embargo, un vendedor de apartamentos que tiene que mostrar un inmueble vacío, una empresaria que comparte una oportunidad de negocio o un vendedor que ofrece un servicio o un producto intangible, no cuentan con esa misma ventaja. Ellos deben utilizar en su presentación palabras y expresiones que le ayuden al cliente a dibujar estas mismas emociones que otros pueden experimentar gracias al contacto directo con el producto.

Recuerdo el día en que mi esposa y yo compramos nuestra primera casa; aquella tarde cuando Elaine Evans, la agente de finca raíz, nos llevó al que sería nuestro nuevo hogar. Por supuesto aquel día, lo que ella nos mostró no era un hogar, es más, ni siquiera era una casa, ya que aún no había sido construida.

Era simplemente un pedazo de tierra, no muy atractivo, lleno de lodo, y sin nada que apreciar. Sin embargo, lo que ella hizo aquella tarde fue asombroso. Ignorando por completo que la casa no existía se dispuso a darnos un *tour* por nuestro nuevo hogar.

Allí, en medio del lodo, comenzó a hablar mirando y mostrando con la mano diferentes partes de la casa, como si estuviera ahí. "Imagínense este precioso jardín con árboles y todo el espacio para que los niños jueguen libremente", y pese a que aún no teníamos hijos, no fue difícil imaginarlos disfrutando del aire puro, lejos del ruido de la ciudad. "Aquí en este lado pueden colocar un banco y disfrutar de la postura de sol allá detrás de aquellos árboles.

Luego nos tomó del brazo y caminamos hasta la parte de atrás de la casa imaginaria y nos dijo: "El balcón estará orientado en aquella dirección ¿Se imaginan tomando el desayuno al aire libre, viendo salir el sol?"

Su uso del lenguaje creó una película tan real en nuestra mente, que era como si estuviésemos viendo la casa frente a nosotros. En ese momento mi esposa y yo nos miramos y comprendimos que habíamos encontrado nuestro nuevo hogar.

Así que cuando te encuentres practicando tu presentación, asegúrate de usar palabras que estén dibujando imágenes que el cliente pueda ver. Palabras que hablen de las características y beneficios de tu producto, pero que a su vez muestren al cliente disfrutando de estos beneficios.

2. Escuchar las preocupaciones del cliente

Uno de los errores más comunes que cometen aquellos que recién se inician en la venta profesional es creer que las objeciones son negativas, que demuestran falta de interés en nuestro producto. Lo cierto es que es todo lo contrario. Las objeciones son solamente inquietudes o preocupaciones que el cliente experimenta ante la propuesta que le estamos haciendo. Son preguntas normales que continúan el dialogo y contribuyen al éxito de la venta.

Quizás, una de las objeciones más comunes que se presentan durante el proceso de cierre tiene que ver con el precio del producto. De repente, en medio de nuestra presentación el cliente dice algo como: "No, ese precio está muy caro", "no pensé que fuera a valer tanto". Lo importante aquí es escuchar bien, en lugar de actuar de la manera que lo hace la mayoría de los vendedores. Evita discutir con tu cliente. No empieces a negociar el precio u ofrecer descuentos, sin que el cliente en realidad te lo haya pedido.

El vendedor que reacciona de esta manera asume que lo que el cliente está diciendo es: "Baje el precio del producto". Sin embargo, lo que el cliente realmente está expresando es que con la información que tienen hasta ese momento, en su opinión el precio del producto está demasiado alto. Eso es todo.

Él no está solicitando una rebaja; simplemente está pidiendo más información. Si sabes escuchar, descubrirás que lo que verdaderamente está indicando es que tiene temor de terminar pagando más de lo que debiera. Teme que en esta negociación él termine llevando la peor parte. No quiere terminar pagando mucho más de lo que realmente cuesta, o de lo que podría pagar en otro lugar. Y todas estas preocupaciones son normales. Todos las experimentamos cuando estamos comprando.

La respuesta apropiada es dejarle saber que puede sentirse seguro negociando contigo, que no va a perder, ni va a sentirse mal o a ser engañado si decide hacer negocios contigo.

Una de las maneras de lograr esto es dejándole saber cuál es el valor que va tras el precio del producto. "Señor cliente, quiero decirle que usted va a estar preocupado por el precio del producto solamente en el momento de la compra; sin embargo, la calidad del producto será algo que le preocupará durante toda la vida del producto". Luego baja la voz y dice: "¿No está usted de acuerdo en que es mucho mejor invertir un poco más de lo que inicialmente había planeado y obtener la mejor calidad, en lugar de gastar menos en un producto de menor calidad y arriesgarse a perder toda su inversión?".

Lo que quiero decir es que no debes asumir que la única preocupación del cliente es encontrar el producto más barato, porque esto simplemente no es cierto. Imagínate que necesitas comprar una licuadora y decides que tu presupuesto para dicha compra es de $50 dólares. Vas a la tienda y hay dos licuadoras una de $45 dólares y la otra de $7 dólares, ¿cuál comprarías?

Seguramente la de $45, ¿no es cierto? ¿Por qué? Porque está por debajo del presupuesto que tenías planeado y porque sabes que lo barato, casi siempre sale caro. La experiencia te ha enseñado que en la inmensa mayoría de los casos la calidad de un producto va en proporción directa a su precio.

El cliente puede verdaderamente creer que el precio está alto. Es nuestra responsabilidad mostrarle exactamente que es lo que va incluido en el precio de dicho producto. En más de una ocasión yo le he dicho a un cliente potencial: "Señor cliente, sin duda alguna hay otras empresas que le pueden ofrecer un mejor precio, pero tenga la plena seguridad que ninguna de ellas podrá ofrecerle un mejor valor por su dinero que el que yo le puedo dar".

¿Si ves la diferencia? El valor representa los beneficios que el producto presta, su calidad, la garantía, el respaldo de la empresa, nuestra atención y todos los demás atributos no tangibles del producto, mientras que el precio sólo se refiere el costo monetario del mismo. A pesar de que el precio es importante, muy pocos de nosotros estamos dispuestos a sacrificar el valor del producto para obtener un menor precio. Eso es lo que debemos ayudarle a ver al cliente.

3. Necesidad de proveer nueva información

Quien haya trabajado alguna vez en el campo de las ventas sabe que un "no", no es necesariamente el final. De hecho, muchas ventas se cierran después que el cliente ha dicho no. Cuando un cliente dice "no", está diciendo: "con la información que tengo hasta el momento no me siento tranquilo tomando la decisión de comprar". En otras palabras, te está pidiendo que le proveas nueva información. Una vez el cliente ha dicho "no", no puedes pretender que cambie de opinión, que cambie de modo de pensar, sin recibir nueva información.

Sin embargo, si le presentas un beneficio adicional, algo que no haya captado anteriormente, si le hablas de la garantía que acompaña el producto, de los beneficios adiciónales que otros productos no le ofrecen, de las facilidades de financiación, entonces el cliente estará en posición de tomar una nueva decisión.

Por esta razón, debemos siempre saber qué otros valores agregados podemos ofrecer a nuestro cliente en caso que presente alguna objeción. Recuerda que lo que él quiere, más que cualquier otra cosa, es estar tranquilo de haber tomado la decisión acertada.

De igual manera, ten presente que las personas no compran productos, sino beneficios. El estar al tanto de todos los beneficios que nuestro producto ofrece nos ayuda a superar la objeción sobre el precio, que es la más frecuente. Cuando podemos presentarle a nuestro cliente potencial una lista de todos los beneficios que recibirá al adquirir nuestro producto o servicio y le ayudamos a ver que estos superan el valor económico que va a invertir, damos un gran paso para concretar el cierre.

4. Todo lo que necesitas hacer es preguntar

Antiguamente se pensaba que los vendedores debían ser personas muy hábiles y diestras en el arte de hablar, no en el de escuchar. No obstante, es claro que la efectividad en las ventas exige mayor destreza en el arte de escuchar. Saber hacerlo nos permite determinar las necesidades del cliente. El hacer preguntas nos provee una gran cantidad de información durante nuestra entrevista y nos ayuda a reenfocar nuestra presentación.

Las preguntas son igualmente importantes al momento de ayudar al cliente a sentirse tranquilo tomando la decisión de comprar. Una estrategia de cierre muy efectiva en ventas es la conocida como *el cierre de las tres preguntas*. Esta estrategia te ayudará a descubrir lo que el cliente considera importante y a crear en él una imagen positiva de los beneficios de tu producto. Sin embargo, la calidad de las respuestas que recibas depende de la calidad de las preguntas que hagas. Las preguntas cerradas —aquellas que requieren solamente un sí o un no— nos proveen poca información, mientras que las preguntas abiertas le dan la oportunidad al cliente de compartir sus inquietudes, preocupaciones o cualquier otra nueva información que no haya salido a flote antes.

Vamos a suponer que estás vendiendo un sistema de purificación de agua. Una vez que hayas demostrado tu producto y realizado tu presentación, puedes preguntar:

¿Señor cliente, puede usted ver como este sistema puede ayudarle a eliminar más de un 90% de las impurezas que se encuentran en el agua que usted consume?

El objetivo de esta pregunta es asegurarnos que él ha entendido nuestra presentación y ha captado los beneficios que el producto ofrece. Si la respuesta es negativa o saca a relucir alguna preocupación, esto nos da la oportunidad de explicar aquello que no haya quedado claro o responder a dicha inquietud. Recuerda que las objeciones en muchas ocasiones ayudan a que el cliente se decida, puesto que están generadas por dudas o por información incompleta.

Ahora bien, si su respuesta es afirmativa, esto ayuda a crear en su mente una actitud positiva hacia el producto y a darle confianza para proseguir con la compra.

Si este es el caso, la segunda pregunta que puedes hacer es: ¿Señor cliente, está usted interesado en mejorar la calidad del agua que consume? En otras palabras, ¿es ese un problema que usted desea solucionar? El propósito de esa segunda pregunta es doble. Nos permite afianzar el beneficio que el producto traerá a su vida o descubrir otras necesidades que puedan existir, y al mismo tiempo, deja en claro las consecuencias de no actuar —continuar consumiendo agua de baja calidad—.

Muchas personas temen hacer preguntas por miedo a lo que el cliente pueda responder. Debemos saber que si nuestro cliente tiene dudas o inquietudes, y nosotros no buscamos descubrirlas para darles respuesta, las posibilidades de que compre, a pesar de sus dudas, son mínimas.

Si la respuesta a esta segunda pregunta es igualmente afirmativa, la tercera pregunta es: Señor cliente, si la calidad del agua que usted consume es una de sus preocupaciones, y usted ha visto como el sistema que le ofrezco le puede ayudar a solucionar este problema, ¿cuándo desearía usted empezar a consumir agua de mejor calidad?

¿Qué buscamos con esta pregunta? Ayudarle a tomar la decisión de comprar, y cerrar la venta.

Si deseas convertirte en un vendedor profesional, es importante que aprendas a hacer preguntas. Si tú eres el único que está hablando durante tu presentación es muy posible que estés hablando más de lo debido.

5. Aliviar la ansiedad del cliente

El vendedor de éxito es sensible a las ansiedades y temores que el cliente pueda estar experimentando. El vendedor promedio prefiere ignorarlas o hacerlas a un lado, pensando que son absurdas y sin sentido. Al escuchar una objeción, su primera reacción es discutir con el cliente. Cree que con solo decirle "no se preocupe" va a aliviar su ansiedad. Ello ocasiona que su cliente se resienta y pierda su confianza en él.

Un mejor camino es la empatía; la habilidad de comprender los sentimientos y estados emocionales de la otra persona. Es lo que comúnmente se conoce como, "ponerse en los zapatos de los demás", o "ver las cosas desde su punto de vista". Esto no significa que debamos estar de acuerdo con ellos en sus apreciaciones. La empatía es la habilidad de experimentar las emociones de los otros como si fuesen propias. El lograr hacer esto nos da un acceso mucho más directo a ellos, y nos permite influir en su decisión de compra de manera más efectiva.

En ningún otro instante a todo lo largo del proceso de las ventas puede la empatía ser más beneficiosa que al momento de responder objeciones, pues ella nos permite apreciar las preocupaciones del cliente desde su punto de vista, al tiempo que le deja ver nuestro genuino interés por entenderle y ser entendidos. Más que un cierre, es una estrategia bastante simple que podemos utilizar para evitar confrontaciones o discusiones vanas y para impedir que una simple objeción se convierta en una barrera impenetrable. Lo mejor de todo es que logra hacerlo sin que nosotros nos sintamos mal, y sin que la otra persona se sienta mal.

Cuando el cliente nos presenta una objeción —el precio está muy alto—, podemos decir algo como: *"Yo se como se siente"*. ¿Qué logra esto? Que el cliente se sienta comprendido. Sicológicamente, estas palabras le ayudan al cliente a sentir que el vendedor comprende su preocupación.

Inmediatamente, podemos decir: *"Yo solía sentirme de esa misma manera"* o *"Yo sé que otras personas suelen sentirse de esa manera"*. Esto hace que el cliente entienda que su preocupación es racional, que no es la única persona que se ha sentido así, y que nosotros entendemos su posición.

Finalmente podemos decir: *"pero permítame mostrarle lo que descubrí..."*. Y aquí le podemos dar la información adicional que pueda ayudarle a tomar la decisión de comprar.

Vamos a suponer que en medio de nuestra presentación el cliente nos interrumpe abruptamente y nos dice: "No, pero si yo vi este mismo producto a mitad de precio cerca de aquí".

Calmadamente, bajamos el tono y volumen de la voz y decimos: "Señora, *yo se exactamente como se siente*. Yo se que hay muchos productos de menor precio en el mercado" —esta es la primera parte—.

"Es mas, antes de comenzar a utilizar y vender estos productos, *yo solía sentirme de la misma manera*. Solía preguntarme: ¿Cómo es posible que el precio allí sea un 50% menos que el nuestro?" Esta es la segunda parte.

"Pero permítame compartir con usted lo que descubrí. Me di cuenta que era mucho mejor invertir un poco más de lo que inicialmente había planeado y obtener la mejor calidad, en lugar de gastar menos en un producto de menor calidad, que no vaya a responder a mis necesidades y arriesgarse así a perder toda mi inversión".

¿Que va a decir el cliente? "No, a mi no me interesa la calidad del producto". "No, yo prefiero pagar menos así el producto no tenga ninguna garantía, o así yo no reciba ningún tipo de atención", o "no me interesa que el producto solucione mis necesidades". Por supuesto que no.

Es sencillo; el proceso de las ventas consiste en hacer preguntas, y en ayudarles a nuestros clientes a ver los beneficios y el valor agregado que nuestro producto traerá a sus vidas. Esta es la manera de crear lealtad en nuestros clientes y edificar una carrera productiva en esta hermosa profesión que son las ventas.

La venta después de la venta

Décimo secreto:

El vendedor de éxito sabe que el cierre, lejos de ser el final de la venta, es el comienzo de una relación de negocios que puede durar toda la vida. El secreto de una vida productiva y llena de logros en este campo depende de lo que hagamos después de cerrada la venta.

Cierto día en que José se hallaba caminando por las desoladas calles del pueblo se encontró con Rafael, un viejo amigo de su padre, quien le reconoció a la distancia y le invitó a caminar junto con él. Rafael era un comerciante apreciado y respetado por todos aquellos que le conocían. Su reputación se extendía mucho más allá de los límites de la región, y había quienes no hacían negocios a menos que fuera con él.

En varias ocasiones, durante los días de mercado, José se acercó a su tienda tratando de descubrir que había de especial en el trato que él daba a sus clientes. Siempre, cordial, el viejo comerciante compartía valiosas lecciones con el aprendiz de vendedor e hijo de su buen amigo.

Leyendo el enunciado de este último secreto, José recordó la gran lección que había aprendido aquella tarde al lado de Rafael.

"Te he invitado a que camines conmigo", le había dicho, "porque creo que hoy tendrás la oportunidad de aprender una de las más importantes lecciones para ser un vendedor de éxito".

"¿Vas en camino a hacer algún negocio?", le había preguntado José con cierta curiosidad.

"No, este es un viejo cliente que hace unos días compró un nuevo arado para su granja y simplemente quiero visitarlo para saber como le está funcionando. Él no estaba muy seguro de adquirirlo, a pesar de que, después de escuchar sus necesidades, yo estaba totalmente convencido que era lo que él necesitaba. Al final, él decidió comprar aquel arado porque confió en mí. Por eso he querido ir a visitarlo".

"¿Si ves José?, muchos vendedores olvidan que una de las partes más importantes del arte de vender es lo que hagas una vez cerrada la venta. Ellos están tan ocupados pensando en las ventas de la semana siguiente, que olvidan que un cliente satisfecho, no sólo volverá una y otra vez, sino que nos recomendará con otras personas y generará muchos más negocios para nosotros".

Era indudable que Rafael conocía los secretos del vendedor más rico del mundo. Ahora era él quien debía ponerlos en práctica como su padre le había aconsejado.

～∦～

Una vez se completa el ciclo de la venta, se inicia una nueva etapa en la relación con el cliente, que algunos conocen como la *posventa —posterior a la venta—*. El objetivo de esta fase es solidificar nuestra relación con el cliente. Después de todo, nuestro gran objetivo es crear clientes para toda la vida.

La posventa trae varios beneficios adicionales que el vendedor exitoso no está dispuesto a dejar pasar de largo:

1. La posibilidad de nuevas compras, ya que nuestro producto o servicio continuará siendo consumido en la medida en que su calidad y nuestra atención cree fidelidad en nuestros clientes. Algunos compran por afecto o lealtad tanto hacia el fabricante, como al producto o al vendedor. Son clientes incondicionales, que se sienten tranquilos comprando a un vendedor en quien confían, porque ya conocen la atención que han recibido en el pasado.

2. La oportunidad de fortalecer la confianza adquirida. Después de todo, el cliente espera el cumplimiento de la promesa de atención y servicio que realizamos durante el proceso de venta. El cumplir nuestra parte reafirma la confianza que llevó al cliente a tomar su decisión de compra y facilita la generación de nuevos negocios.

3. Es el mejor momento para obtener referencias que puedan generar oportunidades de nuevas ventas. Un cliente satisfecho puede ser el camino hacia la realización de otras ventas con nuevos clientes que forman parte de su círculo de influencia.

Uno de los errores más comunes que cometen muchos vendedores es creer que la venta termina en el momento en que el cliente sale de nuestro establecimiento con el producto, o ha firmado la orden de pedido. Muchos de ellos se olvidan instantáneamente de ese cliente, e inmediatamente salen en busca del siguiente prospecto.

Pero lo cierto, es que es aquí cuando tenemos la oportunidad de crear un cliente para toda la vida. Zig Ziglar, conocido como el maestro de la motivación en las ventas, ofrece una idea extraordinaria.

Después de haber realizado una venta, podemos tomar una hoja o una tarjeta, y de nuestro puño y letra escribir una nota que diga algo así como:

"Quiero agradecerle su cortesía, y la confianza que depositó en mi el día de ayer. Fue de gran agrado el que usted haya podido visitarnos. Me siento orgulloso de que ahora esté utilizando nuestro producto y estoy absolutamente seguro de los grandes beneficios y excelentes resultados que éste le proporcionará.

Mas adelante estaré en contacto con usted para ver si puedo serle de alguna ayuda. Sin embargo, si por algún motivo requiere de mis servicios, siéntase en plena libertad de ponerse en contacto conmigo en cualquier momento. Gracias y nuevamente felicitaciones por su decisión."

Esta pequeña nota no sólo aumentará la seguridad y confianza de tus clientes en la decisión que han tomado, sino que te volverás inolvidable para ellos.

Otra cosa que puedes hacer es llamar a tus clientes unos días después para preguntarles cómo se sienten experimentando todos los beneficios de tu producto, o si hay algo más que puedas hacer por ellos.

El *dar la cara* para comprobar si los beneficios ofrecidos durante el proceso de venta se lograron, se superaron o no llenaron las expectativas del cliente es un paso lógico a dar. A muchos vendedores les da pánico, no miedo, sino terror llamar a sus clientes. El temor es que el cliente pueda haber encontrado algún aspecto que no llena sus expectativas, que esté pensando en devolver el producto, o que haya experimentado algún problema con él o tenga alguna queja. Ellos piensan que para qué llamar y darle la oportunidad al cliente de que se queje de cualquier cosa. Después de todo si no hay malas noticias, eso son buenas noticias.

Pero esto no es necesariamente cierto. Como vimos al final del capítulo ocho, el 96% de los clientes insatisfechos nunca se quejan acerca del pobre servicio o la mala atención. Piensan que de nada servirá y que sus quejas serán ignoradas. Por ello consideran una pérdida de tiempo el quejarse.

El no llamar a un cliente después de cerrada la venta para evitar enterarte de algún problema no hace que el problema desaparezca. Lo que sí va a hacer es que el cliente desaparezca.

Si no contactas a tu cliente simplemente para evitar escuchar una queja, y esta queja existe, has perdido por partida triple: (a) has perdido el cliente, (b) has perdido la oportunidad de futuras ventas y (c) has perdido la oportunidad de conocer y aprender algo acerca de tu producto o servicio de lo que tu cliente te pudo haber informado. Lo que quiere decir que tu próxima presentación no será mejor que la anterior.

Piensa por un momento. Cuando llames a un cliente no hay sino dos respuestas posibles. Primero, si no hay ningún problema y el cliente está satisfecho con su producto, ¡fantástico!

Si hay algún problema o alguna queja, excelente también. Porque ahora tienes la oportunidad de mostrarle al cliente que cuando, durante la presentación, le dijiste que tú estabas ahí para ayudarlo, le estabas diciendo la verdad. Eso afianzará la confianza que depositó en ti y sentará los cimientos de una relación de negocios productiva y duradera.

¿Cómo aumentar nuestras ventas a través de los clientes existentes?

Siempre se puede vender más. Podemos venderles más a nuestros actuales clientes o buscar nuevos prospectos. La ventaja de aquellas personas que ya son clientes nuestros es que ya conocen nuestra empresa y la calidad de nuestro producto. Además, nos conocen y confían en nosotros, lo cual facilita el generar más negocios con ellos que con alguien que no nos conoce.

Hay cuatro maneras para generar nuevos negocios y más ventas a través de nuestros clientes existentes.

La primera es la más obvia, venderles en mayor cantidad o aumentar el pedido. Para esto no tienes ni siquiera que esperar a cerrar la primera venta. Lo puedes hacer durante tu presentación.

Hay varias formas de lograrlo. Puedes ofrecerle al cliente la opción de comprar accesorios o productos complementarios al producto que ya ha adquirido.

Cuando compré mi última computadora portátil, después que el vendedor tomó la orden, me preguntó dónde la utilizaría con mayor regularidad. Yo le dije que en los aviones puesto que viajaba mucho. ¿Qué hizo él? Me ofreció una batería extra en caso de que la primera se me acabara en mitad de vuelo. En quince segundos aumentó la orden en doscientos dólares.

Otra manera de aumentar el pedido es ofrecerle al cliente la opción de adquirir un mejor producto o servicio.

Recientemente estaba comprando una bicicleta. Me gusta mucho montar en bicicleta, así que fui a comprar una nueva, aprovechando una promoción. Cuando ya había decidido comprar la que tenía una gran rebaja, y estaba listo a pagar, la vendedora se aseguró de mencionarme que por sólo $85 más podría comprar el último modelo de esa misma bicicleta. Ésta pesaba tres libras menos y presentaba mejoras que se le habían realizado al modelo anterior. En un minuto el valor de la venta subió casi un 30%.

Quiero que entiendas que en ninguno de estos dos casos hubo ningún tipo de artimañas ni tácticas de presión. Lo único que necesitaron hacer aquellos vendedores fue compartir nueva información, realizar un par de preguntas sencillas y disponerse a escuchar.

Las compañías que han llevado esta estrategia a su máxima expresión, saben que entre más sencilla sea la pregunta, mucho mejor. Un gran ejemplo son los restaurantes McDonald's. Cuando el cliente pide un *combo* en McDonald´s, el empleado simplemente pregunta, "¿Lo quiere con papas fritas grandes?"

Imagínate esa pregunta, cuando está uno con hambre y lleva diez minutos haciendo fila, esperando a que le tomen la orden. ¡Claro que sí! y entre más grandes mejor". De esta manera cien mil empleados de McDonald's le piden permiso a millones de clientes cada día para incrementar el valor de su compra.

Si la diferencia entre las papitas pequeñas y las grandes es de 30 centavos, y estamos hablando de tres o cuatro millones de clientes cada día, eso representa más de un millón de dólares diarios en ventas extras por el solo hecho de haberle pedido permiso al cliente de venderle más.

La segunda manera de aumentar las ventas mediante los clientes existentes es aumentando la frecuencia con que ellos ordenan productos de nosotros. Muchas empresas ofrecen a sus clientes incentivos asociados al uso, con el fin de aumentar la frecuencia de consumo. En la industria de las aerolíneas es común ganar millas por cada nueva compra. Muchas tiendas y cadenas de supermercados ofrecen puntos por cada compra, los cuales pueden ser redimidos después. Las tiendas de libros Borders, imprimen un cupón de descuento automáticamente con el recibo de caja que dan al cliente cuando compra. Imagínate lo que esto hace. Acabas de comprar un libro y recibes un cupón de un 30% de descuento por tu próxima compra, válido por un mes. Una gran mayoría de las industrias poseen este tipo de programas de premio a los clientes frecuentes.

Una tercera manera es ofreciéndole a nuestros clientes actuales la oportunidad de comprar otros productos o servicios que ellos puedan necesitar. Un gran ejemplo de esto es una iniciativa bastante ingeniosa que puso en práctica una tienda de ropa en el estado de Connecticut, llamada "Mitchell of Westport".

Ellos toman fotografías de las prendas que sus clientes compran y las colocan en un álbum especial que realizan para cada uno de sus clientes. Cuando llegan nuevos trajes o nuevos estilos que se asemejan al estilo de vestir del cliente, el vendedor simplemente le da una llamada y le deja saber sobre estos nuevos productos, invitándolo a la tienda a que los examine.

Finalmente, una cuarta manera de aumentar nuestras ventas a través de nuestros clientes actuales es pidiéndole a ellos referidos, personas que ellos conozcan, que puedan necesitar nuestro producto o requerir nuestros servicios.

Recuerdo una campaña publicitaria de una isla del Caribe que decía: "turista satisfecho trae más turistas". Es simple, un cliente satisfecho es la mejor referencia que podemos tener para atraer nuevos clientes. Lo único que esto requiere es que tú le preguntes a quien conoce él o ella que esté buscando estos mismos beneficios.

Si como vendedores, actuamos siempre con profesionalismo y cortesía; si estamos genuinamente interesados en ayudarles a nuestros clientes a solucionar sus problemas; si adquirimos el hábito de ofrecerles la mejor atención y el mejor servicio posible, y buscamos siempre sorprenderlos, dándoles más de lo que ellos esperaban, ten la plena seguridad de que no sólo crearemos clientes para toda la vida, sino que ellos mismos se encargarán de asegurarse de que triunfemos.

Estoy totalmente convencido de que estos diez principios pueden ayudarte, no sólo a multiplicar tus ventas y tener una carrera exitosa en esta maravillosa profesión, sino a desarrollar relaciones positivas con todas aquellas personas con quienes entres en contacto.

Gracias por tu tiempo y, como siempre, ¡nos vemos en la cumbre del éxito!